지도자지침서

가족치유 · 마음치유

팀 슬레지 지음
노용찬 옮김

요단

지도자 지침서

가족치유 • 마음치유

제1판 1쇄 발행 · 2011년 10월 10일
제1판 3쇄 발행 · 2024년 4월 5일

지은이 | 팀 슬레지
옮긴이 | 노용찬
발행인 | 김용성
펴낸곳 | 요단출판사

주 소 | 07238 서울특별시 영등포구 국회대로 76길 10
기 획 | (02)2643-7390
보 급 | (02)2643-7290 FAX (02)2643-1877
등 록 | 1973. 8. 23. 제13-10호

값 8,000원
ISBN 978-89-350-1346-3 03230

Making Peace with Your Past

Facilitator's Guide

Tim Sledge

CONTENTS

제1장 개관

제2장 단원별 지도안

제1장 개관

머리말

많은 사람들(미국인들)이 자신의 문제를 해결하기 위한 도움을 얻기 위해 소그룹을 찾고 있다. 교회는 이러한 교인들과 공동체에 속한 모든 사람들의 간절한 욕구를 위해 봉사해야만 한다는 것을 깨닫기 시작했다. 왜냐하면 교회가 그리스도 중심의 지원그룹을 제공할 때, 복음은 사람들이 예수 그리스도의 구속과 치유사역을 경험할 수 있게 하기 때문이다.

평신도가 인도하는 지원그룹들은 매우 유익하다. 「가족치유 마음치유」는 평신도가 인도하는 '얼굴과 얼굴을 마주 대하는' 지원그룹(Face-to-Face)이라고 불리는 지원그룹에 사용되도록 계획되었다. 이 그룹은 치료그룹이 아니라 그리스도 중심의 나눔 그룹(Sharing Group)으로서 사람들이 원가정(Original Family)과 관련된 문제들을 다루는 것을 돕기 위한 것이다. 「가족치유 마음치유」는 LIFE(The Lay Institute For Equipping) Support Series 교재들 중의 하나이다.

LIFE Support Series란 무엇인가?

LIFE Support Series는 목회와 개개인의 사회적, 정서적, 육체적인 욕구의 문제들을 지원하기 위한 발견그룹(Discovery Group)과 지원그룹(Support Group) 자료들로 구성된 교육체계이다. 이 교재들이 다루는 문제들은 이혼자들의 회복, 애통(슬픔), 약물중독, 동반의존, 학대, 섭식장애, 기타 등등을 포함한다.

LIFE Support Series는 발견그룹과 지원그룹이라는 두 가지 종류의 진행그룹을 위한 자료들을 제공해 준다. 발견그룹은 개인이 경험한 역기능가정의 문제들과 기타 다른 문제의 영역들을 다룬다. 그룹 인도자는 회원들이 자신의 문제들을 토의하도록 인도하여서 자신의 삶에 신중하게 적용할 수 있도록 돕는다. 발견그룹은 학습자 교재에 나와 있는 토의 내용에 초점을 맞추어서 사람들이 자연스럽게 자신의 정서와 감정과 개인적인 문제들을 다루어가도록 도와준다. 이러한 그룹들은 보통 정서적인 강도가 그렇게 강하지 않으며, 고도의 기술이나 훈련을 필요로 하지 않는 그룹이다. 이런 이유 때문에 이러한 형태의 그룹들은 교회에서 지원그룹을 시작하고자 할 때 안전하고 쉽게 시작할 수 있는 이점을 제공한다. LIFE Support Edition 중에서 가장 중요한 것은 발견그룹(Discovery Group)인데, 이 그룹은 많은 사람들의 필요와 욕구를 충족시켜 줄 것이다.

지원그룹은 회원들이 가지고 있는 공통적이고 개인적인 문제들을 위해 모인 사람들로 구성된다. 지원그룹의 초점은 개인적인 삶의 문제들을 다루는데 있어서 정서적, 심리적, 영적인 깨달음과 이해를 돕고자 하는 것이다. LIFE Support Series 교재들은 다음의 세 가지 종류의 지원그룹에 도움을 준다.

1. 격려와 책임 지원그룹(Encouragement and Accountability Support Group)

이 그룹은 목표를 이룰 때까지 각각의 회원들이 서로를 격려하고 지원하는 그룹이다. 발견그룹(Discovery Group) 수준의 인도자 기술이면 이런 종류의 지원그룹 인도자로서 충분하다. 「가장 좋은 만남의 자리: 그리스도 중심의 건강 프로그램」(First Place: A Christ-Centered Health Program)은 이런 종류의 지원그룹을 위한 교재들 중 하나이다.

2. 개인적인 문제들을 다루는 지원그룹(Personal Issues Support Group)

이 그룹에서는 회원들이 다루는 문제들과 이슈들에 대한 개인적인 반응들을 나누는 것이다. 그룹은 성품과 영적 치유, 성장, 회복을 돕기 위해 안전하고 사랑하는 분위기를 제공한다. 「가족치유 마음치유」는 원가정에서 경험한 문제들과 관련된 개인적인 문제들을 다루는 지원그룹을 위한 교재이다. 이러한 그룹들은 개인적인 문제들을 다루는 지원그룹을 위한 평신도 인도자 기술을 필요로 하는데, 그 이유는 그룹을 진행하는 동안 폭발적으로 표현되기 쉬운 감정들이 일어날 수 있기 때문이다.

3. 12단계 지원그룹(12-Steps Support Group)

이 그룹은 AA(Alcoholics Anonymous, 알코올중독자 익명모임)의 12단계를 기독교적으로 적용한 프로그램을 사용하여 회개와 하나님을 신뢰하고 영직인 회복의 과정을 통하여 각각의 회원들이 중독으로부터 회복하는 과정을 밟아가도록 도와준다. 12단계 지원그룹 역시 각각의 그룹 회기(session)를 운영하기 위한 숙련된 평신도 인도자를 필요로 한다. 약물의존 치료, 동반의존 치료, 그리고 섭식장애 치료 등은 그리스도 중심의 12단계 지원그룹에서 사용하기 위한 교재들이다.

'얼굴과 얼굴을 마주 대하는' 지원그룹 인도하기

모든 그룹 인도자가 '얼굴과 얼굴을 마주 대하는' 지원그룹을 인도할 수 있는 것은 아니다. 특별한 기술과 경험들이 요구된다. 만일 여러분이 이전에 집약된 지원그룹 회기를 인도한 경험이 없다면, 11페이지에 있는 '인도자를 위한 기본 지침'을 읽어보라. 그룹 회기에 발생할 수 있는 특별한 문제들을 다루기 위해 필요한 기술과 훈련과정을 습득할 때까지는 절대로 '얼굴과 얼굴을 마주대하는' 지원그룹을 인도하면 안된다.

다음의 지침들과 자료들은 여러분이 '얼굴과 얼굴을 마주 대하는' 지원그룹을 준비하는데 도움을 줄 것이다. 그룹을 시작하기 위해 제안된 단계들을 확실하게 숙지하고 그룹 인도를 위한 기초적인 기술들을 주의 깊게 공부하라. 하나님은 여러분 자신보다 깨어지고 상처받은 여러분 주변의 사람들을 돕는 것에 더 많은 관심을 가지고 계신다. 이 과정을 진행하는 동안 하나님의 도움을 구하라. 그리고 참여자들의 삶 속에 일어나는 모든 좋은 일들에 대해서 하나님께 영광을 돌려라.

'얼굴과 얼굴을 마주 대하는' 지원그룹을 시작하기 위한 단계

아래의 단계들은 여러분이 '얼굴과 얼굴을 마주 대하는' 지원그룹을 통하여 효과적으로 사람들을 다루어가는 것을 도와줄 것이다.

Step 1 전체 내용 소개하기

전체 내용을 완전하게 숙지하고 있는지 아래의 항목들을 점검해보라. 네모안에 √표 하라.

- □ '얼굴과 얼굴을 마주 대하는' 지원그룹을 시작하는 단계를 알고 있는가?
- □ 이 지원그룹의 목적을 알고 있는가?
- □ 이 그룹 과정의 기초적인 개념을 알고 있는가?
- □ 그룹을 인도하기 위한 지도력(리더십)에 대한 기본적인 기술을 알고 있는가?
- □ 예비 그룹 인도자를 위한 훈련에 대해 알고 있는가?
- □ 단원 안내(1단원에서 12단원까지)에 대한 내용을 알고 있는가?
- □ 「가족치유 마음치유」 학습자용 교재가 준비되어 있는가?

이 책과 학습자용 교재인 「가족치유 마음치유」를 읽어라. 그룹을 위한 목표가 무엇인지를 분명하게 이해하라(지도자지침서 21쪽에 있는 '얼굴과 얼굴을 마주 대하는' 지원그룹의 목표를 보라). 학습자용 교재와 지도자지침서를 읽음으로써, 각 단원을 진행하면서 어떤 일들이 일어날 것인가에 대한 개념들을 알게 해 줄 것이고, 여러분이 지도자로서의 역할을 하는데 좀더 구체적인 확신이 생기게 할 것이다.

Step 2 여러분이 '얼굴과 얼굴을 마주 대하는' 지원그룹을 인도할 수 있는 능력을 갖추었는지 확인하라

이것은 매우 중요한 단계이다. 모든 인도자가 지원그룹을 인도할 수 있도록 준비되어 있는 것은 아니다. 회원 중에는 정서적으로 매우 심각한 상태에 있는 사람이 있을 수도 있으므로, 그러한 정서적인 문제에 적절하게 대처할 수 있는 자격과 준비가 되어 있어야 한다.

다음의 내용에 비추어보아서 자신이 인도자로서의 자격과 준비가 되어 있는지를 알 수 있을 것이다. 회원의 정서적인 건강상태나, 심지어는 어떤 회원들의 생활은 매우 위험한 상태일 수 있다.

* 인도자를 위한 기본 지침

'얼굴과 얼굴을 마주 대하는' 지원그룹을 인도하려면 반드시 자격을 갖춘 인도자여야 하고, 인도자로서의 잠재력을 증강시키려면 먼저 인도자가 반드시 갖추어야 하는 기초적인 역량들을 심도 있게 숙고해야 한다. 인도자는 아래의 내용들을 갖추어야 한다.

1. 신앙심이 깊고, 기도하는 자여야 하며, 하나님께서 원하시는 것은 언제든지 순종하고자 하는 자여야 한다.
2. 기독교적 가치관을 가진 자여야 한다.
3. 교회에서 열심히 봉사하는 자여야 한다.
4. 하나님께로부터 소명을 받았다는 소명감이 있는 자여야 한다.
5. 인도자로서 영적인 은사를 받은 자여야 한다.
6. 성경을 잘 아는 자여야 한다.
7. 사람들과의 관계가 원만한 자여야 한다.
8. 비밀을 지킬 줄 아는 자여야 한다.
9. 회원들을 돕기 위해 시간과 열심을 낼 수 있는 자여야 한다.
10. 교사로서의 재능이 있는 자여야 한다.
11. 스스로 고통스러운 과거의 문제들을 극복해 가는 과정 중에 있는 자여야 한다.
12. 정서적으로 안정된 자여야 한다.

「최선의 삶」(Master Life), 「기도의 삶」(Disciple's Prayer Life), 혹은 「하나님을 경험하는 삶」(Experiencing God)과 같은 교재들을 사용하는 그룹을 인도했던 경험이 있는 사람들은 반드시 지원그룹을 인도하기 위해서 강한 영적 기반을 갖추어야만 한다. 그러나, 이러한 영적 기반들은 또한 그룹 과정을 성공적으로 인도해 가기 위한 몇 가지 기술들을 필요로 한다.

인도자에게 필요한 몇 가지 기술들은 '그룹 인도자가 갖추어야 할 기초 기술'에 잘 설명되어 있다. 가장 중요한 두 가지 기술은 (1) 자기 파괴적이거나 혹은 자살하려는 행동을 하는 경향을 나타나는 사람을 어떻게 도와줄 수 있는가를 알고 있는 것이며, (2) 여러분의 능력을 가지고서는 더 이상 도와줄 수 없다고 판단되는 사람이 있을 때 어떻게 적절한 기독교 상담가나 혹은 기독교 상담소에 의뢰할 것인가를 아는 것이다. 이러한 두 가지 기술들을 가지고 돕는 것과 다른 다양한 평신도 상담 기술들을 가지고 돕는 것은 「현명한 상담: 평신도 상담을 위한 기술」(Wise Counsel: Skills for Lay Counseling)에 담겨 있는 그룹 과정을 공부함으로써 발전시킬 수 있다.

그러나, 대부분의 그룹 인도자 기술들은 책을 읽는 것만으로는 습득하기가 매우 어렵다. 이러한 기술들은 숙련된 경험이 많은 지원그룹 인도자 밑에서 경험을 통해서 배우는 것이다. 그룹 진행과정에 필요한 이러한 기술들을 배우지 못했다면, 필요한 기술들을 발전시키기 위한 아래의 제안들 중의 하나를 고려해 보라.

1. 여러분의 교회 혹은 다른 교회에서 열리는 '얼굴과 얼굴을 마주 대하는' 지원그룹에 참여하기.
2. 가장 가까운 시기에 열리는 단기 형태의 다른 지원그룹에 참여하기.
3. 숙련된 인도자가 그룹 인도자 기술을 보여주고 발전시키고 실습할 수 있는 단기 훈련과정에 참여하기.

절대로 준비 없이 '얼굴과 얼굴을 마주 대하는' 지원그룹 인도자로 참여하지 말라. 그러할 경우 회원들은 좋은 결과보다는 해로운 결과를 경험하게 될 것이다. 해로운 그룹 경험은 여러분이 출석하는 교회가 다시 그룹을 진행하는 것을 두렵게 만들어 교회의 지원그룹 사역을 중단하게 할 것이다.

이 경고는 여러분을 겁주려는 의도가 아니다. 이것은 준비되어 있지 않음으로 인해서 겪게 될 위기로부터 준비되지 않은 인도자들을 보호하려는 것이다.

Step 3 여러분의 교회 지도자로부터 안전을 보장받아야 한다

여러분이 평신도라면 교회에서 '얼굴과 얼굴을 마주 대하는' 지원그룹을 진행할 계획을 하기 전에 교회 지도자에게 적절한 자문을 구해야 한다. 이 지도자지침서와 학습자용 교재를 복사해서 교회 지도자에게 보여주어야 한다. 교회 지도자로 하여금 그룹에서 어떤 일들이 진행되고, 목표, 내용, 과정이 무엇인지를 이해할 수 있도록 해야 한다. 교회 지도자가 어떤 질문을 하든지 대답할 수 있도록 해야 한다. 여러분이 그룹을 진행해도 되는지 요청하기 전에 교회 지도자로 하여금 충분히 검토하고 생각할 수 있는 시간을 주어야 한다. 여러분이 인도자로서의 자질을 갖추었는지 아닌지 확신을 하지 못할 때에는 교회 지도자로 하여금 여러분의 기술을 평가할 수 있게 해야 한다.

여러분이 만일 교회 지도자라면 이 그룹을 진행하기 전에 적절한 평신도 지도자와 함께 이 과정의 목표를 검토해야 한다. 평신도 지도자로 하여금 확신하도록 해야 하는 것은 이 과정이 성경을 중심으로 하여 역기능가정의 문제들을 다루는 것이라는 것을 이해시키는 것이다.

Step 4 등록금 정하기

각각의 회원들은 자신들을 위한 교재 대금을 지불해야 한다. 이 사역에 들어가는 비용과 관련된 다른 부가적인 비용도 청구할 수 있다.

회원들에게 비용을 청구하는 것은 이 그룹에 대한 헌신의 정도와 기대에 대해서 서로 간에 이해할 수 있도록 도움을 준다. 우리는 종종 이 그룹을 통해서 이익을 얻으려고 하는 것이 아닌가 하는 느낌을 주지 않도록 하기 위해서 비용을 청구하는 것을 회피하곤 한다. 그러나 사람들은 오히려 무료로 하는 것에 대해서 의구심을 갖는다. "숨은 의도가 무엇이지?" 이것이 그들 속으로 하는 질문이다. 자료들과 마땅히 소용되는 비용을 청구하는 것은 회원들로 하여금 교회에 다니지 않는 사람들이 지원그룹에 참여할 수 있도록 동기를 부여하는 것이 될 것이다.

여러분의 교회를 법적인 책임으로부터 보호하기 위해서 인도자나 혹은 그룹 지도자를 위한 비용이나 대가를 청구하지 말라. 왜냐하면 이것은 평신도가 인도하는 그룹이지 전문가가 인도하는 그룹이 아니기 때문이다.

Step 5 기술 세우기

이 책의 '그룹 인도자가 갖추어야 할 기초 기술' 을 주의 깊게 공부하라.

Step 6 보조자(예비 그룹 인도자)를 모집하라

나중에 그룹을 인도할 의지를 가지고 그룹에 참여한 사람을 발견할 수 있도록 기도하라. 여러분은 여러 회원들 중에서 보조자를 선택할 수도 있고, 혹은 비록 공부를 위해 계약을 하지 않았다 하더라도 적절한 그룹 인도 기술을 가지고 있는 사람을 모집할 수도 있다. 적절한 보조자를 훈련하는 것은 매우 중요한 일이다.

Step 7 그룹을 시작할 날짜와 시간을 정하기

이상적인 것은 교회의 일정이 공휴일과 같은 날짜가 겹쳐서 갑자기 중단되지 않는 때로 정하는 것이다. 등록 기간은 최소한 3주 동안이 되어야 한다. 등록은 첫 번째 모임이 시작되기 한 주 전에 마감되어야 한다. 그 이유는 첫 번째 모임에 참여하기 위해서는 5일 동안 매일 미리 완전하게 공부해 와야 하는 숙제가 제시되기 때문이다.

만일 '얼굴과 얼굴을 마주 대하는' 지원그룹을 연중 프로그램으로 진행하려고 할 경우에는 첫 번째 그룹은 이른 가을에, 중간 그룹은 1월에, 그리고 마지막 그룹은 늦은 봄이나 혹은 여름에 모집하는 것이 가장 좋을 것이다. 이렇게 하는 것이 다음 그룹을 위한 충분한 연구나 준비를 할 수 있는 시간을 가질 수 있기 때문이다. 이것은 또한 그룹 인도자로 하여금 쉴 수 있는 시간을 제공해 준다.

시작하는 시간은 회원들이 분명히 인지할 수 있도록 해야 한다. 여러분은 각각의 모임을 위해서 적어도 2시간을 헌신할 수 있어야 한다.

Step 8 모임 장소 정하기

그룹은 매주 같은 장소에서 모여야 한다. 그룹이 모이는 방은 조용하고 회원들이 자유롭게 느낌을 말하고 격한 감정을 표현할 때에 소리를 지를 수도 있는 비밀이 보장되는 곳이어야 한다. 아이들이 뛰어다니는 홀 옆에 있는 방이거나 혹은 사람들이 자주 드나드는 문이 있는 곳은 피해야 한다. 그러한 장소는 회원들이 자신들의 이야기를 나누는 것에 대해서 불편해 하거나 혹은 어렵게 만들기 때문이다. 가장 좋은 모임 장소는 교회에서 가장 활용이 적은 장소이다. 그룹 회원의 집에서 모이는 것은 추천할만한 것이 아니다.

교회 건물에 들어가는 현관(메인 입구)으로부터 멀리 떨어진 방이 가장 도움이 된다. 회원들이 다른 사람들을 만났을 때 어디서 무엇을 하는 것이냐는 질문을 받게 될 것에 대해서 두려움이나 염려 없이 교회에 올 수 있어야 한다.

회원들은 모임 중에 종종 울음을 터뜨린다. 여성들은 그룹이 진행되는 동안 가끔 울 수도 있다는 것을 알고 있기 때문에 화장한 것이 망가지지 않도록 하기 위해서 화장을 하지 않기도 한다. 회원들은 모임이 끝났을 때에 울었다는 것이 드러나지 않을 수 있도록 하는 것이 필요하다.

방은 8개의 의자로 편하게 둘러앉을 수 있을 만큼 넓고 쾌적한 곳이어야 한다. 또한 깨끗하고 편안한 곳이어야 한다. 지나다니는 사람들이 안을 들여다 볼 수 없거나 혹은 회원들이 불안함을 느끼지 않는 정도라면 창문이 있는 방도 괜찮다. 화장실은 모임 장소에서 접근하기 좋은 가까운 곳에 있어야 한다.

Step 9 어린 자녀를 둔 회원들이 있을 경우를 대비하라

그룹이 진행되는 동안 회원들의 자녀들을 돌보아줄 것인지를 결정해야 한다. 자녀를 돌보는 것은 회원들이 자녀들 때문에 그룹에 참여하지 못하는 일이 없도록 도와주는 이점이 있다. 그러나 불편한 점도 있는데, 아이들을 챙기느라 지원그룹이 때때로 늦게 진행되는 것이다. 여러분은 회원 중의 한 사람이 매우 중요한 나눔을 하고 있을 경우에는 모임 시간을 좀 더 연장할 수 있는 자유가 있다. 그런데 자녀를 돌보는 것은 회원 중에 자녀들이 일찍 집에 가야 하기 때문에 먼저 그룹에서 나가야 하는 경우가 생길 수도 있기 때문에 약점이 될 수도 있다. 가장 좋은 해결은 회원들이 개인적으로 자녀들을 돌볼 수 있는 사람들에게 맡기고 오는 것이다.

Step 10 그룹 홍보하기

어떻게 다른 사람들에게 그룹을 홍보할 수 있을 것인가? 가장 먼저, 어떤 부류의 사람들을 대상으로 할 것인지를 정해야 한다. 나는 교인들보다는 비교인들을 대상으로 모집하여 구성하는 것을 추천한다. 우리 그룹에 참여하는 대부분의 사람들은 교인들이 아니다. 그룹에 참여한 사람들은 결과적으로 종종 교회에 출석하게 된다.

여러분이 속한 지역의 세속적인 회복그룹에 참여하고 있는 많은 사람들이 크리스천 회복그룹을 찾고 있다. 이런 사람들은 물론 세속적인 그룹을 통해서 도움을 받지만, 그러나 이들은 기독교 신앙에 의한 회복의 원리에 따라 자신들의 문제를 해결하고픈 열망을 가지고 있다.

지역 신문에 그룹을 홍보하는 광고를 게재하라. '회복', '역기능가정', '성인아이' 등과 같은 단어들은 잠재적인 회원들의 관심을 끌게 될 것이다. 광고판에 게재하는 것은 한계가 있어서 가장 먼저 온 사람이나 헌신된 사람에게만 효과가 있다. 교회에서 그룹을 모집한다는 것을 광고하라. 그룹을 홍보하기 위해 교회 소식지나 신문을 활용하라.

첫 번째 그룹을 마쳤다면 입에서 입으로 전달되는 것이 가장 큰 홍보 효과가 있다. 성공적인 그룹은 다음 그룹에 참여하고자 하는 사람들에게 중요한 정보를 제공해 주기 때문에 새로운 사람들을 인도해 줄 수 있다.

전화는 그룹에 대하여 흥미를 가지고 있는 사람들에게 다음 그룹 모집에 관한 특별한 정보를 제공해 주는데 매우 유용하다. 그룹에 관한 모든 질문들에 대해서 설명해 줄 수 있는 한 사람을 정해두라.

이것은 전화로 문의하는 사람에게 정확한 정보를 제공해 줌으로써 신뢰를 쌓을 수 있도록 도움을 준다. 비밀유지의 문제가 종종 그룹에 대한 질문 중에 처음으로 하는 질문인 경우가 많다. 그룹이 시작될 때 다른 사람들은 관심과 흥미를 나타내곤 한다. '얼굴과 얼굴을 마주 대하는' 지원그룹은 폐쇄그룹이다. 그룹이 시작되면 나중에 새로운 사람이 그 모임에 추가로 참여할 수 없다. 어떤 사람이 참여하기를 원한다면 다음 그룹을 위해 미리 등록을 받기 시작하라. 종종 그럴 경우 첫 번째 그룹을 마치기도 전에 두 번째 그룹 정원이 찬 것을 발견하게 될 것이다.

Step 11 예비 참여자 인터뷰하기

그룹이 잘 기능할 수 있는 최소한의 회원은 몇 명일까? 그룹의 역동성은 인도자를 포함하여 적어도 3명 이상이어야 적절하게 기능할 수 있다. 그러나 회원은 8명을 넘지 않아야 한다. 그룹 정원이 다 찼을 경우 잘 준비된 인도자가 있고, 한 그룹을 구성할 충분한 사람들이 있다면 그 나머지 사람들의 명단을 작성하여 또 다른 그룹으로 진행하도록 하라.

그룹 참여에 관심을 표현하는 사람들이 있다면 그 사람들을 각각 만나라. 이때에 그 사람들에게 「가족치유 마음치유」를 나누어 주고, 아래 사항들에 대해서 이야기해 주어라.

- **학습자용 교재 9쪽에 있는 "본 과정의 목표"에 대해서 의견을 나누고, 그 목표에 대해서 토론하라.** 참여자들에게 목표에 대한 다른 질문들이 있는지 물어보라.

- **부부는 각각 다른 그룹에 참여해야 한다는 것을 설명해 주어라.** 어떤 사람의 배우자가 그룹에 참여하는 것에 관심을 가지고 있을 경우 각각 다른 그룹에 참여해야 한다는 것을 설명해 주어야 한다(36쪽 개념 8을 보라).

- **서약서의 내용을 설명해 주어라(학습자용 교재 11쪽).** 학습자용 교재에 있는 반드시 지켜야

할 시약내용과 지침들을 강조해 주어라. 그룹에 참여하기를 원하는 사람은 반드시 서약서에 서명을 해야 한다는 것을 설명해 주어라. 참여자들이 혹시 서약서에 대해서 다른 의견이 있는지 물어보라. 그리고 여러분이 있는 자리에서 각각 서약서에 서명하도록 요청하라. 여러분은 서명한 사본을 반드시 보관해야만 한다. 만일 원한다면 서명하는 순간을 사진에 담아둘 수도 있다.

• **매일 해야 할 과제에 대해서 설명해 주어라.** 학습자용 교재의 제1단원에 있는 금주의 학습목표에 대해서 설명해 주어라. 그룹 참여자는 과제를 수행하기 위해서 적어도 일주일에 5일 동안 하루에 30분에서 60분의 시간이 요구된다는 것을 설명해 주어라. 예비 회원들은 다섯 가지의 과제를 각각의 주간 동안 하루에 다 해야 하는 것은 아니라고 말해 주어라. 과제의 대부분의 내용은 성찰적이며, 참여자가 하루에 연속적으로 하는 것이라기보다는 매일 수행해야 하는 것이기 때문이다. 참여자는 첫 번째 모임을 시작하기 전에 제1단원의 과제를 수행해 와야 한다는 것을 설명해 주어라.

• **헌신에 대해서 토론하라.** 회원 개개인은 그룹에서 절대적인 참여와 신뢰를 보여야 한다. 그렇게 하려면 학습자용 교재에 있는 서약서에 서명을 하게 해야 한다. 여러분의 기록부에 참여자가 서명한 사본을 간직하라. 회원의 이름, 주소, 전화번호, 그리고 교회 이름을 기록하라.

회원들에게 개개인의 이름과 전화번호를 명부에 포함시킬 것인지 허락을 구해야 한다. 이 요청에 회원들이 불편해 한다면 이것을 강요해서는 안된다.

그룹이 모이는 날자와 시간과 장소를 종이에 기록하여 등록자들에게 주어라.

그룹에 참여할 것인지 아닌지 망설이는 사람이 있다면, 그럴 시간을 주도록 하라. 그리고 결정을 했을 때 어떻게 여러분을 만나야 하는지에 대해서 알려 주어라. 만일 그룹이 거의 다 찼을 경우(인도자를 포함해서 8명의 인원을 추천한다.) 다른 등록자들에게 회원이 거의 찼다는 것을 알게 해야 한다. 그리고 등록 마감 날짜가 언제인지를 이 사람에게 알려 주어야 한다(보통 첫 모임이 시작되기 한 주 전까지이다.).

학습자용 교재를 구입하는 것을 불가능하게 하는 재정적인 문제가 있는지 없는지에 대한 판단에 민감해야 한다. 필요할 때에는 도움을 제공하라. 어떤 사람이든지 돈이 없어서 등록을 포기하는 일이 생기지 않도록 하라. 장학금은 언제나 필요하다면 가능한 것이다.

• **회원들에게 억지로 무엇을 말하게 하거나 시키지 않는다는 것을 주지시켜라.** 회원들은 자신의 의지와 상관없이 어떤 것을 말하도록 강요되지 않는다는 것을 설명해 주어라. 회원들은 과

거의 고통을 직면하도록 애정 어린 도전을 받을 것이지만, 그것은 스스로의 결정에 의하여 그렇게 할 것이다. 역기능가정에서 자란 성인아이들은 고통스러웠던 어린 시절에 대해서 말하는 것을 두려워한다는 것을 기억하라. 그러므로 그룹이 어떻게 진행될 것인지에 대해 미리 설명해 줌으로써 신뢰감을 갖게 하는 것이 중요하다.

회원에게 두려움을 느끼는 것은 절대로 이상한 것이 아니라고 말해 주어라. 첫 번째 모임을 준비하는 그를 위해 기도하겠다고 말하라. 이 외에도 다른 질문들에 대답할 수 있도록 준비하라.

Step 12 그룹 명부와 이름표를 준비하라

같이 공부해 나갈 회원들이 등록하는 것이 끝나면, 회원들의 허락을 받아 이름과 전화번호, 주소를 기록한 명부를 만들어라. 각각의 회원들을 위한 사본을 만들어라. 자신의 이름과 주소를 다른 회원들에게 알리기를 원하지 않는 사람들의 명부는 별도로 만들어 보관하라. 그룹의 참여자들이 이것을 결정할 것이다.

재미있고 재사용할 수 있는 회원 각각의 이름표를 준비하라. '얼굴과 얼굴을 마주 대하는' 지원그룹은 비밀을 유지하지만, 그러나 익명의 그룹은 아니다. 만든 이름표는 모임이 시작될 때에 나누어 주었다가 모임이 끝날 때 수거하도록 하라.

Step 13 회원들을 위해 기도하라

각각의 회원들을 위해 정기적으로 기도하라. 특히 회원들이 처음 모임을 시작할 때에 두려움을 갖지 않게 해 달라고 하나님께 기도하라. 하나님께서 그룹을 효과적으로 인도할 수 있도록 도와 달라고 기도하라.

Step 14 그룹 과정을 시작하기

'얼굴과 얼굴을 마주 대하는' 지원그룹의 첫 번째 모임은 흥분되는 순간이다. 여러분은 첫 번째 모임을 위해 모임 장소로 가는 동안 기대감을 갖게 될 것이고, 그만큼 두려움도 느낄 것이다. 여러분은 이 책의 두 번째 부분에 있는 첫 번째 모임에서 무슨 일이 일어나는지에 대해서 좀더 많은 것을 배우게 될 것이다. 57페이지에 있는 첫 번째 모임 준비에 필요한 '모임을 하기 전에' 에 있는 지침들을 따르라.

Step 15 다음 그룹을 위한 계획 세우기

주의: 극소수(혹은 약간)의 회원들은 12주간 동안 이 과정에서 일어나는 모든 문제들을 경험하게 될 것이다. 여러분은 12주간 과정을 마칠 무렵에 반드시 후속모임의 기회를 제공해야 한다.

10단원으로 들어갈 즈음에 후속 모임에 대한 계획을 알려야 한다. 여러분의 교회의 종합적인 지원그룹 사역은 여러분이 충분히 토의하여 제안하는 아래의 제안들에 의해 영향을 받게 될 것이다. 이제 후속 그룹을 위한 계획에 대해서 생각해 보자. 많은 회원들은 「가족치유 마음치유」(Making Peace with Your Past)를 공부하는 첫 단원부터 열두 단원이 진행되는 동안 지속적인 지지와 지원을 필요로 할 것이다. 제안할 수 있는 후속 모임 형태는 다음과 같다.

- **복습을 위한 그룹** – 회원들이 12주를 더 모이기에 동의할 경우에 구성할 수 있는 그룹이다. 회원들은 「가족치유 마음치유」(Making Peace with your Past)의 내용을 그룹 회기를 위한 나눔의 틀을 활용하여 다시 복습할 수 있을 것이다. 이 과정은 리더십을 나누기 위한 좋은 기회가 될 것이며, 구체적인 예비 그룹 인도자들을 위한 훈련의 기회를 제공해 주는데 유용할 것이다.

- **새로운 내용/동일한 그룹** – 회원들이 같은 회원이 되어서 12주간을 더 모이기를 원하면서 새로운 내용의 교재를 가지고 후속모임을 하는 방법이다.

- **새로운 '얼굴과 얼굴을 마주 대하는' 그룹** – 새로운 회원들을 모집하여 '얼굴과 얼굴을 마주 대하는' 그룹을 진행해 가는 것이다. 이 그룹은 이미 그룹 경험을 가진 사람과 처음 경험하는 사람 모두를 포함할 수 있다.

- **특별한 문제를 지닌 그룹** – 이혼, 슬픔, 학대 등과 같은 특별한 개인적인 문제를 안고 있는 사람들을 위한 그룹을 구성할 수 있다. 혹은 약물의존, 동반의존, 섭식장애와 같은 중독적인 문제를 안고 있는 사람들을 위한 12단계 지원그룹을 구성할 수도 있다.

- **제자훈련 그룹** – 「하나님을 경험하는 삶」(Experiencing God), 「기도의 삶」(Disciple's Prayer Life), 「최선의 삶」(Master Life) 등과 같은 교재를 활용한 예수 그리스도의 제자도에 관한 성경공부 그룹을 구성할 수 있다.

- **인도자 훈련 그룹** – 특별히 선발된 사람들을 인도자로 훈련시키기 위한 그룹이다. 이때에는 「현명한 상담: 평신도 상담을 위한 기술」(Wise Counsel: Skills for Lay Counseling)등과 같은 교재를 활용할 수 있다.

'얼굴과 얼굴을 마주 대하는' 지원그룹의 목표

'얼굴과 얼굴을 마주 대하는' 지원그룹의 목표

1. 회원들이 어린 시절 경험한 문제들과 감정들을 알고 이해하도록 돕고자 하는 것이다.

2. 회원들이 과거가 어떻게 현재 그들에게 영향을 주고 있는지를 이해하도록 돕고자 하는 것이다.

3. 회원들이 다른 사람들도 같은 문제들과 감정들을 가지고 있다는 것을 이해하도록 돕고자 하는 것이다.

4. 회원들이 감추어진 과거의 아픈 감정들을 드러내어 치유와 용서를 경험하도록 돕고자 하는 것이다.

5. 회원들이 신뢰와 정직과 무조건적인 사랑의 분위기를 경험하도록 돕고자 하는 것이다.

6. 회원들이 하나님과의 친교를 방해하는 정서적, 심리적, 영적 방해물들이 무엇인지를 알고 그것을 제거하도록 돕고자 하는 것이다.

7. 회원들이 희망과 치유의 느낌을 경험하도록 돕고자 하는 것이다.

1. 회원들이 어린 시절 경험한 문제들과 감정들을 알고 이해하도록 돕고자 하는 것이다

역기능가정에서 자란 자녀들은 정서적인 고통을 안고 있다. 그 고통은 너무나 충격적이고 지속적이기 때문에 아이들은 어떤 특별한 감정들은 감추어 버리는 법을 배운다.

성인아이는 자신의 감정을 드러내는 것을 두려워한다. '얼굴과 얼굴을 마주 대하는' 지원그룹은 성인아이들이 감정을 숨기고 있음을 깨닫게 하여, 그 감추어진 감정을 다시 회복하도록 돕도록 계획되었다.

그룹의 목표는 각각의 사람들이 "이것이 내가 느끼는 감정이야. 이것이 내가 그렇게 느끼는 이유야."라고 자신의 감정과 생각을 숨김없이 말할 수 있도록 돕는 것이다.

2. 회원들이 과거가 어떻게 현재 그들에게 영향을 주고 있는지를 이해하도록 돕고자 하는 것이다

역기능가정에서 자란 사람들은 실제로 일어난 어떤 사건을 부정하는(denying) 것을 배운다. 명백한 가정의 문제들과 정서적인 문제들을 부정하는 것은 가정에서 경험한 실제적인 문제들에 접근하는 중요한 특성이 된다. 이러한 부정의 패턴은 그 사람으로 하여금 현존하는 자신의 고통스러운 과거나 그것이 어떤 방식으로든 자신에게 미친 영향을 부정하게 한다. 나는 알코올 중독이 있었던 아버지 밑에서 성장했던 과정을 나눌 때에 "나 역시 알코올중독자 가정에서 자랐지만, 그것이 나에게 아무런 영향도 주지 않았어."라고 말하는 사람을 만났던 적이 있다. 종종 그러한 반응은 그렇게 말하는 사람이 매우 충격적인 어린 시절의 경험을 부정하고 있다는 것을 경고해 주는 경우이다.

'얼굴과 얼굴을 마주 대하는' 지원그룹은 과거의 고통과 현재의 행동이 어떤 관계가 있는지를 알도록 도와준다. 예를 들어, 성인아이는 자신이 지닌 수치심이 원가정의 문제로부터 기인한 문제의 영향을 받은 것이라는 사실을 배우는 것이다.

3. 회원들이 다른 사람들도 같은 문제들과 감정들을 가지고 있다는 것을 이해하도록 돕고자 하는 것이다

심각한 역기능가정에서 자란 사람들은 자신의 가정의 문제에 대해서 침묵을 지키도록 배운다. 그러한 문제는 알코올중독, 정서적이거나 육체적이거나 성적인 학대, 성중독, 혹은 그 외의 충동적이며 중독적인 행동들일 수 있다. 역기능가정의 규칙은 "절대로 그런 문제들을 밖에서 말해서는 않된다"는 것이다. 자녀가 그러한 문제들에 대해서 말하지 않게 되면, 그와 유사한 문제들을 가진 사람들로부터 고립되게 된다. 화중독자의 자녀가 학교에서 다른 화중독 가정의 자녀 옆에 앉게 될 수 있다. 그러할 경우 자신에게 어떤 상처가 되는지에 대해서 전혀 말하지 못하게 된다. 그러한 경우 그를 돕는 가장 단순한 방법은 "너는 혼자가 아니다"라는 사실을 알게 하는 것이다. 그러나 침묵의 규칙을 배우게 되면 그것을 지키려고 하게 된다. 문제에 대해서 전혀 배우지 않으면 다른 사람들을 직면하지 못하게 된다.

그러한 자녀가 성장한 후에는 다른 사람들도 자신과 같은 가정환경 속에서 성장했을 것이라는 어렴풋한 생각을 가지게 되지만, 그의 가정의 문제는 여전히 비밀스러운 문제로 마음에 남아 수치심의 원인이 된다.

'얼굴과 얼굴을 마주 대하는' 지원그룹은 다른 사람의 어린 시절에 대한 이야기를 들으면서 그러한 문제가 자신만이 가지고 있는 문제가 아니라는 사실을 깨닫도록 도와준다. 빠르든지 혹은 느리든지 스스로 고립되게 하였던 닫혔던 마음을 열고 과거의 고통스러운 기억을 직면하도록 하여 치유를 경험하도록 이끌어 준다. 이것은 매우 강력한 발견이다.

다른 회원이 이야기하는 어린 시절에 경험하였던 고통에 대해서 듣는 것은 내적인 통찰을 가져다 준다.: "나의 정서적인 고통은 상상의 것이 아니구나! 다른 사람들도 나와 같은 경험을 가지고 있구나! 나는 그 사람이 말하는 것을 알 수 있다! 그녀는 나의 고통을 이해할 수 있을 것이다. 그녀는 내가 내 이야기를 할 때에 이해할 수 있을 것이다."

'얼굴과 얼굴을 마주 대하는' 지원그룹의 참여를 존중하는 것은 어떤 사람이 황량한 계곡의 한 가운데 있는 야영지에 있는 것과 같다. 그 야영자는 외로움을 느낀다. 어둠이 내리면 계곡 주변에는 캠프 파이어가 하나 둘 나타나기 시작한다. 야영자는 자신이 결코 혼자가 아니라는 것을 발견한다. 그는 서로 소통할 수 있는 다른 야영자들에게 둘러싸여 있는 것이다. '얼굴과 얼굴을 마주 대하는' 지원그룹에 의해서 촉진되는 가장 중요한 치유적 요소는 바로 "나는 혼자가 아닙니다"라는 발견이다.

4. 회원들이 감추어진 과거의 아픈 감정들을 드러내어 치유와 용서를 경험하도록 돕고자 하는 것이다

어린 시절에 너무나 충격적인 사건을 경험한 자녀들은 그러한 외상(外傷, Trauma)적인 사건을 경험한 후에나 혹은 그동안에 어떤 정서적인 감정들을 느끼는 것을 억압하는 경우가 많다. 친절하고 이해적인 상담이 따르지 않는다면 그러한 기억들은 영원히 자녀의 무의식 속에 감춰져 버릴 수도 있다. 이러한 기억되지 않는 사건은 그 사람의 생각과 행동에 영원한 현재(ever-present)로서, 그리고 영원한 역동(ever-active)으로 자리 잡게 된다. 그러한 감추어진 기억들은 종종 '얼굴과 얼굴을 마주 대하는' 지원그룹에서 서로가 어린 시절의 경험들을 나눌 때에 되살아나게 된다. 그 때 억압되었던 기억들을 직면하고 이야기할 때에 그 기억들의 파괴적인 힘은 약화될 수 있다.

5. 회원들이 신뢰와 정직과 무조건적인 사랑의 분위기를 경험하도록 돕고자 하는 것이다

종종 성인아이들이 가지고 있는 강한 느낌은 다음과 같은 것이다. "만일 여러분이 내가 어떤 가정에서 성장했는지, 혹은 내가 어떤 느낌을 갖고 있는지를 안다면 여러분은 나를 받아들이지 않을 것이다. 여러분은 나를 사랑할 수 없을 것이다."

'얼굴과 얼굴을 마주 대하는' 지원그룹은 신뢰와 안정과 사랑의 분위기를 만들어 준다. 그룹 안에서 사람들은 어떤 사람이나 상황이 안전하다는 것을 배우게 된다. 어떤 사람은 사랑하는 마음을 가지고 이야기를 들을 수 있게 된다. 그 때에 그룹 회원은 "어떤 사람은 나의 고통스러운 과거를 이해할 수 있으며, 아직도 나를 사랑한다"는 것을 발견하게 된다.

6. 회원들이 하나님과의 친교를 방해하는 정서적, 심리적, 영적 방해물들이 무엇인지를 알고 그것을 제거하도록 돕고자 하는 것이다

어떤 사람의 하나님에 대한 관점은 대부분 부모의 모습에 의하여 영향을 받는다. 역기능가정에서 자란 성인아이는 올바른 하나님에 대한 관점을 가지기가 어려우며, 하나님께서 원하시는 것을 행하기가 어렵다. 그것은 하나님과 의미 있는 친밀한 관계를 갖고 있다는 느낌이 부족하기 때문이다.

이러한 사람들은 하나님의 사랑을 인격적으로 받아들이기 어렵다. 그 이유는 그가 경험한 아버지가 사랑하기보다는 화를 내는 아버지였기 때문이며, 혹은 사랑을 주는 어머니이기보다는 조종하는 어머니였기 때문이다. '얼굴과 얼굴을 마주 대하는' 지원그룹은 성인아이들로 하여금 자신들이 경험한 부모들의 모습과 진정한 하나님의 모습을 구분할 수 있도록 도와줄 수 있다.

역기능가정으로부터 만들어진 사고와 행동양식은 그리스도인들의 매일의 신앙생활에 매우 큰 영향을 준다. 예를 들어, 완전주의는 자신이 하는 모든 일이 하나님의 마음에 전혀 들지 못할 것이라는 느낌을 갖게 만든다. '얼굴과 얼굴을 마주 대하는' 지원그룹은 하나님과 동행하는데 방해가 되는 역기능적인 행동이 무엇인지를 발견하고 깨달을 수 있도록 도와준다.

7. 회원들이 희망과 치유의 느낌을 경험하도록 돕고자 하는 것이다

'얼굴과 얼굴을 마주 대하는' 지원그룹이 모든 정서적인 문제를 해결해 주는 것은 아니다. 다만 몇 가지의 기초적인 기술과 개념으로 무장된 그룹을 통해서 성장과 치유의 과정을 계속해 나갈 수 있도록 도와주려는 것이다. 회원들은 그룹의 진행과정을 통해서만이 아니라 삶의 여정 가운데 역기능가정의 문제를 이해하고 대처하는 중요한 것들을 배우게 될 것이다. 회원들은 계속적인 성장과 치유에 대한 희망을 갖고 그룹을 떠날 수 있게 될 것이다.

지원그룹 진행을 위한 기본 개념

'얼굴과 얼굴을 마주 대하는' 지원그룹의 역할은 무엇인가?

'얼굴과 얼굴을 마주 대하는' 지원그룹은--

1. 정서적인 상처를 가진 사람들이 치유함을 받고 혼자가 아니라는 사실을 깨닫도록 도와준다.
2. 정서적인 상처를 가진 사람들이 다른 사람에 대한 신뢰감을 가질 수 있도록 도와준다.
3. 정서적인 상처를 가진 사람들이 자신들의 감정에 정직하도록 격려해 준다.
4. 정서적인 상처를 가진 사람들이 오랫동안 감추어 왔던 감정들을 느끼고 경험하도록 도와준다.
5. 정서적인 상처를 가진 사람들이 분노와 고통과 두려움의 억압으로부터 자유할 수 있는 기회를 제공한다.
6. 정서적인 상처를 가진 사람들이 하나님에 대한 분노를 가지고 있음을 알게 하고 그것을 해소하도록 도와준다.
7. 정서적인 상처를 가진 사람들이 그리스도와 동행할 수 있는 진실한 영성을 회복하도록 도와준다.

이러한 역할들은 다음과 같은 기본적인 개념 위에 그룹이 굳건히 서 있을 때 완수될 수 있다.

지원그룹 진행을 위한 기본 개념

1. 모든 회원들은 반드시 서약서에 서명을 해야 한다.

2. 여러분은 과거를 극복하기 위하여 그것을 직면해야 한다.
3. 감정은 알아내기가 어려울 수 있다.
4. 피드백(다른 사람의 이야기에 대한 반응)은 사람들이 감정을 회복하는 것을 도와준다.
5. 숨긴 감정들은 반드시 드러내어야 한다.
6. 회원들은 항상 좋은 느낌을 갖기 전에 처음에는 불편한 느낌을 갖는다.
7. 경계(boundary)가 수립되거나 재수립되어야 한다.
8. 부부는 같은 그룹에 속해서는 안된다.
9. 확신의 말(금주의 확신)은 사람들의 사고하는 방법을 변화시킬 수 있다.
10. 정서적인 치유가 일어나도록 기도하라.

개념 1 모든 회원들은 반드시 서약서에 서명을 해야 한다

'얼굴과 얼굴을 마주 대하는' 지원그룹에 참여하는 사람들은 누구나 학습자용 교재 「가족치유 마음치유」(Making Peace with your Past) 11쪽에 있는 서약서에 동의하고 서약하여야 한다. 이 서약서를 통하여 참여자들은 그룹에 참여하는 동기를 분명히 할 수 있으며, 다른 회원들에 대한 기대가 무엇인지를 확인할 수 있게 된다. 그리하여 자신들의 이야기와 고통을 자유스럽게 말할 수 있는 신뢰감을 형성하게 되고, 그룹을 하나로 묶어주는 역할을 한다.

서약 내용 중에 마지막 구절은, 간혹 참여자 중에 정신적인 질환을 앓고 있거나, 다른 약물 치료를 받고 있는 사람이 있을 것을 예상한 조항이다. 그러한 사람은 반드시 인도자에게 그 사실을 알려주어야 한다. 그리고 절대로 의사의 처방을 임의대로 중지해서는 안된다. 어떤 의사의 처방 약은 점진적으로 그 복용 양을 줄여야만 하는 것도 있다. 만일 복용 중이던 약을 그만 복용하려고 할 경우에는 반드시 담당의사의 지시를 따라야 한다.

만일 회원 중에 성적으로 혼외의 관계를 가지고 있는 사람이 있다면 그룹에 참여하고 있는 동안에는 반드시 그러한 행동을 중지해야만 한다.

'얼굴과 얼굴을 마주 대하는' 지원그룹은 교회 안에 있는 사람이거나 혹은 교회 밖에 있는 모든 사람들이 참여할 수 있다는 것을 기억해야 한다. 역기능가정에서 성장한 사람들은 다양한 형태의 충동적이며 중독적인 행동들이나 심각한 정서적인 반응들을 나타낸다는 사실을 이해할 수 있어야 한다.

회원들이 충동적인 행동을 회피하거나 기분을 전환시키기 위해서 마약(약물)을 사용하려고 하는 것을 포기하도록 하는 것은 그들이 자신들의 진정한 감정들로 돌아갈 수 있도록 하는 하나의 방법이다. 충동적이며 중독적인 행동들은 성인아이들이 직면하지 않고 회피하고 싶어 하는 감정들을 진정으로 다루는 것을 방해한다. 진정한 고통을 느끼지 못하도록 하는 행동을 멈추게 하는 것은 그 고통을 더 격렬하게 만들기도 하지만, 그러나 그것은 감추어진 고통의 근원들을 드러나게 하여 치유로 나아갈 수 있도록 해 주는 것이다.

예비 참여자와 함께 서약 내용에 대해서 의논할 때에 처방 약을 복용하는 것을 변경하기 전에 반드시 의사와 의논하도록 권면해야 한다.

이 그룹에 참여하기로 한 회원들 중의 어떤 회원은 서약 내용에 동의를 하고 마약(약물)을 복용하는 것이나 충동적인 행동을 아무리 그만두려고 해도 이미 스스로 통제할 수 없는 상태에 있는 경우도 있을 것이다. 그러한 경우 이 지원그룹이 줄 수 있는 도움보다 더 나은 도움이 필요하다는 것을 인식시켜 주어야 한다.

위와 같은 문제를 지닌 사람들에게는 전문적인 치료 프로그램 혹은 특별한 중독적인 행동들을 치료하기 위한 기회를 제공해 주어야 한다.

이 그룹에 참여하고자 하는 사람들에게는 반드시 이 서약서를 읽게 하여야 하고, 이 서약을 지키기를 동의하는 사람에 한해서만 참여할 수 있다는 것을 분명히 해야 한다. 서명하기를 거부하거나 내용 중 하나라도 거부하는 사람은 참여할 수 없다.

개념 2 여러분은 과거를 극복하기 위하여 그것을 직면해야 한다

사람들은 종종 "왜 아픈 기억을 자꾸 되살리느냐? 현재 겪는 고통만으로는 만족하지 않은가? 왜 지나간 일들을 끄집어내어야 한단 말인가?"라고 질문한다.

그러나 해결되지 않는 어린 시절의 고통은 마치 보이지 않는 체인처럼 여러분을 얽어매고 있다는 것을 알아야 한다. 그것은 부정(否定, denial)이라는 것 뒤에 숨어 있다. 여러분이 그것을 부정하면 부정할수록 여러분을 괴롭힌다.

성인아이가 치유 받는다는 것은 바로 그러한 과거의 고통과 두려움을 부정하거나 회피하는 것이 아니라, 있는 그대로 직면한다는 것을 의미한다. 그것은 마치 다음과 같은 것이다. 어린아이가

밤에 잠을 자다가 어두컴컴한 구석에 서 있는 이상한 것을 보았을 때, 무서워 떨게 된다. 그 어린아이에게 해결책은 한 가지 밖에 없다. 그 어두컴컴한 구석에 서 있는 정체불명의 것으로 다가가 그것이 무엇인지 분명하게 보는 것뿐이다. 처음에는 두려움 때문에 그렇게 하기가 어려울 것이다. 그러나 그러한 경험을 되풀이하면서 두려움과 고통을 어떻게 직면해야 하는지를 배우게 된다.

종종 좋은 의도를 가진 친구가 정서적인 문제를 가진 사람들에게 다음과 같이 말한다. "주님을 의지하세요. 성경을 읽으면서 기도하세요. 그러면 잘될 거예요." 그 말대로 처음에는 괜찮은 것 같다. 그러나 마음 깊숙한 곳에 있는 문제는 해결되지 않는다. 정서적인 문제는 영적인 것으로 다 해결되는 것은 아니기 때문이다. 마음 깊숙이 숨어있는 과거의 정서적인 상처를 치유할 수 있는 심리적인 도움이 필요하다. 신앙은 지적인 것만이 아니라 동시에 정서적인 것이기도 하기 때문이다. 지식적으로만 아는 하나님이 아니라 마음과 감정적으로도 친밀감을 느끼는 하나님을 발견할 때에 상한 감정은 치유될 수 있다.

개념 3 감정은 알아내기가 어려울 수 있다

자신의 숨겨진 감정을 알아내는 것은 어떤 사람에게는 쉬운 것이지만, 대부분의 성인아이들에게는 그렇게 쉬운 일이 아니다. 성인아이들이 자신의 감정을 알기 어려운 것은 몇 가지 이유 때문이다.

- **정서적 순환차단 효과**(The Emotional Circuit-Breaker Effect) 어렸을 때의 정서적인 상처가 너무 커서 감당하기 어렵기 때문에 감정 자체를 부정해 버리기 때문이다. 그렇게 함으로써 어린아이는 정서적인 충격으로부터 자신을 보호하려고 한다. 그것이 하나의 습관처럼 될 때, 자신의 감정을 알기가 어렵게 된다.

  그룹이 진행될 때에 "여러분은 ○○○의 이야기를 듣고 무엇을 느꼈습니까?"라는 물음에 대한 전형적인 대답은 "아무것도 느끼지 않았습니다."라는 것이다. 그러나 인도자는 그의 표정을 보고 그의 감정을 찾아낼 수 있다. 그러할 때에 인도자는 다른 회원들과 협조하여 그가 느끼는 감정을 깨닫도록 도와줄 수 있다.

- **어렸을 때에 어떤 종류의 감정 표현이 제한되었기 때문이다.** 역기능가정에서는 어떤 감정은 표현이 허락되고, 어떤 감정은 금지된다. 예를 들어, 기쁜 감정은 허락되고, 슬픈 감정은 제한된다. 혹은 슬픈 감정은 허락되고, 화를 내는 것은 금지된다. 그러면 어린아이는 화가

났을 때 그것을 슬픔이라는 감정에 담아 표현한다. 즉, 금지된 감정을 느낄 때에는 그것을 허락된 감정에 담아 표현하게 되는 것이다. 그러한 것이 되풀이되면, 진정한 자신의 감정을 알기가 어렵게 된다.

- **분명한 사실을 부정할 때에 받는 충격 때문이다.** 역기능가정의 전형적인 특징 중의 하나는 분명한 사실을 부정하는 것이다. 아버지가 술이 곤드레만드레 취해서 들어오면 아이들은 묻는다. "엄마, 무슨 일이에요? 아빠가 왜 저래요?" 그러면 엄마는 다음과 같이 대답한다. "아무 일도 아니다. 아빠는 괜찮아. 넌 신경 쓸 것 없어." 아이는 분명히 무엇인가 잘못되었다는 것을 알지만 말할 수 없다. 결국 아이는 강한 정서적인 충격을 받는다. 두려움, 수치심, 걱정, 근심을 갖게 된다. 그러한 일이 되풀이되면 일어난 일에 대한 정확한 평가를 하지 못하게 될 뿐더러, 또한 자신의 감정도 부정하게 된다. 그리고 점차 무엇이 정상적인 것인지도 혼동하게 된다.

- **좋지 않은 어떤 일이 금방 일어날 것 같은 예감 때문이다.** 역기능가정은 항상 위기가 존재한다. 그러므로 자녀들은 언제나 불길한 예감을 가지고 생활하게 된다. "지금은 괜찮지만, 금방 아빠가 또 술에 취해 들어오실 꺼야. 그러면 온 집안이 난리가 나겠지." "엄마가 또 나를 때릴지 몰라. 그러니 조심해야지." 이러한 위기감 속에 있는 자녀들은 혹 기쁜 일이 생기더라도 오히려 그것을 위험스럽게 생각한다. 기쁜 일 다음에는 반드시 위기가 닥쳐올 것임을 경험을 통하여 알기 때문이다. 그러므로 성공이나, 행복, 기쁜 감정이 생기면 오히려 불안감을 갖게 된다.

- **역기능가정에서는 정서적으로 결핍된 한 사람의 감정에 의존되기 때문이다.** 중독적인 사람들은 자기중심적이다. 가정에서 각 사람은 자신의 정서적인 고통을 느낄 권리가 있다는 생각은 역기능가정에서는 매우 생소한 것이다. 어떻게 어린아이의 슬픔이 지난밤에 술을 먹고 난리법석을 떤 아버지의 수치심과 비교되어 논쟁거리가 될 수 있단 말인가? 그런데 중독적인 사람이 있는 가정에서는 모든 것이 정서적으로 결핍된 그 사람에게 모든 것, 특히 감정이 의존된다. 그리고 다른 가족의 감정은 부정된다. 자연히 역기능가정의 자녀들은 다음과 같이 생각한다. "나는 내 감정대로 느낄 권리도 없어. 아버지가 기분 좋으실 때까지 나는 행복하거나 슬퍼할 수도 없어."

개념 4 피드백(feedback, 다른 사람의 이야기에 대한 반응)은 사람들이 감정을 회복하는 것을 도와준다

피드백이란 다른 사람의 이야기를 듣고 그것에 반응해 주는 것을 말한다. 이러한 피드백은 그룹 안에서 회원들이 마치 정서적인 거울과 같은 역할을 해서 자신들의 감정을 다루는데 도움을 준다. 피드백은 상대방이 말하는 것을 듣고 본 것에 대해서 말하는 것을 통하여 이루어진다. 여러분은 스스로의 얼굴 표정이나 몸짓(body language, 비음성언어)의 메시지를 다 알아차리기는 어려울 것이다. 내가 보고 들은 것이 나에게는 분명하지만 여러분에게는 그것이 잘 전달되지 않을 수도 있다. 그러나 피드백을 통해서 내가 이해한 것을 여러분이 이해할 수 있도록 도울 수는 있을 것이다.

'얼굴과 얼굴을 마주 대하는' 지원그룹에서는 종종 다른 회원의 비언어적인 행동의 숨겨진 의미를 알아차리는 경우가 일어난다. 회원들은 이러한 여러분의 기술을 통해서 숨겨진 의미들을 설명해주고 또한 피드백을 해주는 것을 통해서 많은 것을 배울 수 있게 될 것이다.

그룹 안에서는 종종 어떤 사람이 자신의 감정을 전혀 알아차릴 수 없을 때 다른 회원의 감정들을 통해서 자신의 감정을 알아차리게 되는 놀라운 경우가 일어나곤 한다.

피드백은 절대로 평가하는 것이 되어서는 안된다. 피드백을 할 때, 절대로 내가 생각한 것을 말하려고 해서는 안된다. 단순하게 내가 보고 들은 것 그대로 반응해야 한다.

피드백은 그룹 안에서 정서적으로 일어난 것이 무엇인지에 대해서 숨겨진 단서들을 발견하려는 것이다. 조(Joe)는 말하기 전에 침을 삼키는 버릇이 있다. 그가 침을 삼키는 것은 말하는 것 혹은 어떤 감정을 표현하기를 원하지 않는다는 것을 나타내고 있는 것 아닌가? 메리(Mary)는 수(Sue)가 신체적 학대의 경험에 대해서 말하고 있을 때 침묵을 지키거나 조용히 있다. 수가 말하는 동안 메리의 내면에는 어떤 감정적인 단추가 작동되고 있는 것일까?

그룹 인도자로서 여러분은 종종 "여러분에게 피드백을 해도 괜찮겠습니까?" 혹은 "그룹으로부터 어떤 피드백을 받아들일 준비가 되어 있습니까?"라고 물어야 한다. 안전한 느낌을 갖도록 하기 위해서 피드백이 필요하다고 생각되는 회원이 있다면 그를 위해 다른 회원들이 피드백을 할 수 있도록 허용이 되어야 한다.

회원들은 "당신은 화가 났군요."라고 말하기보다는 "나는 당신에게서 어떤 분노를 느꼈어요."라고 말할 수 있어야 한다. 자신의 반응에 반응하기 위한 말에 초점을 맞추려는 사람에게 그것보다는 그룹의 피드백에 반응하도록 요청하라. 이 회원에게 자신의 느낌이 무엇인지에 대해서 홍분하기보다는 다양한 회원들로부터 오는 그와 유사한 피드백이 큰 도움이 된다는 것을 기억하게 하라.

피드백을 통해서 성인아이들은 자신의 진정한 감정이 무엇인지를 발견하게 된다. 어린 시절의 경험은 역시 고통스럽다. 진실을 닫아버리고 감추는 것은 그러한 고통을 다루는 하나의 방법이 된다. 이렇게 자신의 감정을 걸러서 열어 보이는 것은 하나의 습관이 된다. 집단이나 사회는 이러한 습관을 건강한 피드백을 위해 다양한 대안들을 제공함으로써 도와줄 수 있다.

사회 혹은 집단이 제공할 수 있는 대안적인 피드백에는 다음과 같은 것들이 있다.

- **부정직한 피드백**

다음은 어떤 전화통화 내용이다.

"내일 약속에 늦어도 상관없겠습니까?"

"좋아요. 그러면 몇 시에 오실 것입니까?"

"30분 늦을 겁니다."

"괜찮아요."

전화통화가 끝나자마자 전화를 받은 사람이 소리를 지른다. "또 지각이군! 이번 주일에 벌써 네 번째야!" 이러한 피드백은 상대방에게는 관대하면서, 동시에 그에 대한 불만을 다른 사람에게 퍼붓는 경우이다. 대부분의 경우 사람들은 이러한 부정직한 피드백을 한다.

인도자는 그룹이 처음 시작될 때에 정직하고 신뢰의 분위기를 만들어 정직한 피드백이 이루어지도록 해야 한다.

- **악의적인 피드백**

어떤 회원들에게는 사랑의 피드백이나 혹은 정직한 피드백의 개념이 생소하게 느껴질 수도 있다. 가정이나 가까운 사람들, 혹은 사회에서 매일 불친절한 말만을 들어왔던 사람은 정직한 피드백을 하기가 어렵다. 그러한 말 때문에 언제나 상처와 고통을 받았기 때문이다. 그러한 사람은 처음에는 그룹의 진행이 어떻게 전개되는지 그 과정을 보게 할 필요가 있다. 그리고 그에게는 사랑의 피드백이 필요하다. 그 사람은 악의가 없이 어떻게 정직한 피드백을 하는지를 배울 수 있도록 도움이 필요하다.

- **사회적으로 혹은 집단에서 받아들여질 만한 것만을 말하는 피드백**

피드백의 또 다른 경우는 사회적으로 혹은 집단에서 받아들여질 만한 것만을 말하는 것이다. 이미 예상되거나 혹은 판에 박은 피드백을 하는 것은 종종 매우 부정확하다. 좋은 말만 해야겠다고 느껴서 실제로 그러한 피드백만 하는 사람이 있다면 그 사람은 그룹으로부터 받아들여질 만한 피드백을 함으로써 상대를 그룹에서 구원해주려는 시도를 하는 사람일 것이다. 이러한 경우 인도자는 그것을 빨리 알아차려서 그것을 멈추게 하든지 아니면 그가 자신의 행동을 직면하도록 할 필요가 있다.

- **건강한 피드백의 예**
  - "당신의 표정에서 많은 고통을 보았어요."
  - "당신은 정말 절망했겠군요. 당신의 몸 전체가 당신이 무엇인가에 억압되어 있음을 말해주고 있어요."
  - "당신의 이야기를 들을 때에 정말 많은 두려움을 느꼈어요."
  - "그것을 말하기 위해서는 정말 용기가 필요했겠어요. 당신이 그런 이야기를 해주다니 당신이 자랑스러워요."
  - "당신은 아버지에게 화가 난다고 말했어요. 나는 또한 당신이 어머니에 대한 분노도 표현하고 있다는 것을 알았어요."
  - "당신의 이야기가 나의 어린 시절의 고통을 깨닫게 해 주었어요. 정말 당신의 이야기를 해준 것에 감사드려요."

- **직면(confrontation) 형태의 피드백**

직면은 어떤 사람의 부정하는 말에 대해서 반대하는 형태의 피드백이다. 직면은 악의적이거나 해를 끼치는 것이어서는 안된다. 직면은 어떤 회원이 자신의 감정을 부정하는 것에서 벗어날 수 있도록 도와주는 열쇠가 될 수 있다. 직면 형태의 피드백의 예는 다음과 같다.

- "당신은 그룹이 진행되는 동안 아무것도 말하지 않았지만, 나는 당신에게서 분노의 감정을 보았어요."
- "학대한 부모 밑에서 자란 것이 당신에게 아무런 영향도 주지 않았다면, 왜 당신은 그것에 대해서 말하기를 꺼려하는 것이죠?"
- "나는 당신이 당신 자신을 괴롭히고 있는 진실에 대해서 말하려 하지 않는다는 느낌을 받았어요."

개념 5 숨긴 감정들은 반드시 드러내어야 한다

- **억압된 분노는 풀려져야 할 필요가 있다.** 학대를 받거나 제대로 양육을 받지 못한 아이는 분노를 느낀다. 그러나 자신보다 힘이 세고 큰 부모에게 분노를 표현할 수 없기 때문에 아이는 분노를 감추거나 마음 깊이 묻어버린다. 표현되지 않는 분노는 언제 폭발할지 모르는 폭탄과 같다. 표현되지 않는 분노는 언제나 그를 억압하며, 그것은 두통과 같은 육체적인 문제를 일으킬 수도 있다. 그러므로 그러한 감추어진 분노를 알아내어 풀어주어야 한다.

- **말이 없는 사람은 몹시 화가 난 것일 수 있다.** 너무 좋아 보이려고 하거나 관대한 성인아이는 종종 대단히 화가 난 경우일 수 있다. 이러한 사람들은 역기능가정에서 상처를 받았을 때 다른 사람을 즐겁게 해 줌으로써 그것을 피하려 했던 사람들이다. 그들은 감당할 수 없는 어린 시절의 분노를 두려움이라는 표층 밑에 감춘다. 그들은 성인이 되었지만, 내면은 자신이 아직도 위험스럽고 불안전하고 보호받지 못하는 상태에 있는 어린아이처럼 생각한다.

- **분노를 처리함.** 그룹이 진행되고 있을 때, 회원은 두려움에 직면하는 방법을 찾게 되는데, 그것은 두려움 속에 감춰져 있는 분노의 감정을 깨닫게 한다. 그룹이 진행될 때, 분노는 어떤 사람에게도 해가 되지 않는 방법으로 풀어져야 한다. 때때로 이것은 단순히 그 분노에 대해서 말하는 것만으로도 이루어질 수 있다.

- **두려움은 반드시 직면해야 한다.** 중독증이나 충동적인 행동으로 인해 어떤 행동을 할지 예측할 수 없는 부모 밑에서 자란 아이는 인생이 혼란스러운 것으로 보일 것이다. 그 어린아이는 아무것도 두렵지 않다는 반응을 보이거나, 혹은 모든 것을 두려워하게 될 것이다. 성인이 되면 그는 조건적인 사랑을 받으며 자랐기 때문에 실패를 두려워하게 된다. 그는 또한 어렸을 때에 좋은 일이 있으면 반드시 다음에 나쁜 일이 생긴다는 것을 되풀이해서 경험했기 때문에 성공을 두려워하게 될 것이다.

  성인아이는 반드시 두려움을 향해 직면해 나가도록 격려 받아야 한다. 지원그룹의 보살핌과 하나님의 도우심을 통하여 두려움을 직면함으로써 그는 그것을 극복할 수 있게 된다. 그는 하나님의 도우심이 두려움보다 강하다는 것을 깨닫게 된다.

- **수치심은 반드시 수치스러운 행동을 한 당사자에게 되돌려져야 한다.** 역기능가정에서 자란 성인아이는 다른 사람의 수치심을 자신의 것인 양 지니게 된다. 수치스러운 감정들은 역기능가정에서 다른 가족원이 그 수치심을 가져갈 때까지 자유롭게 떠다닌다.

성중독이 있는 부모의 자녀는 부모의 행동에 대해서 수치심을 느끼도록 배운다. 그것은 마치 자녀 스스로가 성중독이 있는 것처럼 느끼게 한다. 이 수치심은 그 자녀의 전 생애를 덮어버린다. 그는 수치심을 느끼지 않을 만한 것에도 수치심을 느끼는 것을 배운다. 그는 모든 감정들을 수치심으로 표현하고 느끼는 것을 배운다. 결과적으로 그는 존재하는 것 자체가 수치스럽게 느끼게 된다. 그는 수치심이 가득한 사람이 된다. 이것은 주변의 모든 수치심을 마치 자신의 것인 양 느끼기 시작하게 되는 것이다.

성인아이는 반드시 수치심을 그것에 대한 책임을 가지고 있는 당사자에게 되돌려주어야 한다. 동시에 성인아이는 자신이 행한 수치스러운 행동을 고백하고, 회개하고, 그것을 씻음 받아야 한다.

개념 6 회원들은 좋게 느낌을 갖기 전에 처음에는 불편한 느낌을 갖는다

그 이유는 간단하다. 회원들이 깊숙이 감추어져 있는 고통, 분노, 수치심, 그리고 공포에 대한 느낌을 그룹의 진행과정을 통하여 느끼기 시작하면 처음에는 불편한 감정을 느끼게 되는 것이다. 그러나 그러한 감정들을 경험하고 함께 이야기하게 되면 치유와 자유함을 얻게 된다. 그러면 곧 좋은 감정을 느끼게 된다.

회원들은 처음 4주에서 6주 동안에는 정서적인 충격에 놀라게 될 것이다. 그러나 점차 그룹이 진행되어가면서 결국에는 자신들의 과거의 고통을 다루는 방법을 발견함으로써 흥분과 즐거움을 느끼게 될 것이며, 동시에 오랫동안 부정해왔던 상실과 고통에 대해 슬픔을 느끼게 될 것이다.

개념 7 경계(boundary)가 수립되거나 재수립되어야 한다

경계란 우리의 삶을 어떻게 사는가에 대한 통제와 다른 사람과의 관계에 대한 통제를 가능케 하는 자신을 보호하는 장치를 말한다. 어떤 사람이 나를 성적으로 성가시게 할 경우 나는 "안돼!" 라고 말할 수 있다. 그것이 바로 경계이다.

경계는 벽과 같은 것은 아니다. 벽은 사람이 드나드는 것을 가로막으며, 감정도 없다. 벽은 실재로부터 나를 고립시킨다. 경계는 유연성이 있으며, 상황에 따라 변할 수 있다. 경계란 필터와 같다. 나는 어떤 것을 들어오게 하고, 어떤 것은 들어오지 못하게 할 수 있다. 나는 어떤 사람과는 긴밀한 관계를 맺을 수 있고, 어떤 사람과는 그렇지 않을 수 있다.

어렸을 때 학대를 경험한 사람은 경계가 깨어지게 된다. 어렸을 때 성적인 학대를 당한 사람은 어떤 사람이 자신에게 성적인 접근을 해 올 때 "안돼!"라고 말할 권리가 없다고 생각하게 된다. 육체적인 학대를 받고 자란 사람은 어떤 사람이 자신을 괴롭힐 때에 "안돼!"라고 말할 권리가 없다고 생각하게 된다. 언어적인 학대를 받고 자란 사람은 어떤 사람이 자신에게 욕을 해도 "안돼!"라고 말할 권리가 없다고 생각한다. 이러한 것들은 깨어진 경계이다.

성인아이들은 그들의 삶에서 새로운 경계를 만들 수 있다. 벽은 제거될 수 있다. 손상된 경계는 고쳐질 수 있다.

*경계에는 다음과 같은 것들이 있다

정서적인 경계(Emotional Boundaries) 이것은 언어적인 학대에 대하여 자신을 보호한다. 정서적인 경계는 나는 나 자신의 감정을 느낄 수 있다는 것을 깨닫게 해 준다. 나는 다른 사람의 감정에 따를 필요가 없다는 것을 깨닫게 해준다.

육체적인 경계(Physical Boundaries) 이것은 언제 어디서 어떤 특별한 사람이 나를 만지는 것을 허락할 것인가를 포함한다. 대부분의 사람들에게는 이것이 명백한 것이지만, 성적인 학대를 받은 사람은 그렇지 못하다.

영적인 경계(Spiritual Boundaries) 예수 그리스도와의 건강한 관계는 진실된 신앙에서만 일어난다. 왜곡된 종교나 잘못된 신앙은 공포나 수치심이나 죄책감을 통하여 속이고 통제하려고 하기 쉽다. 영적인 경계는 잘못된 신앙이나 감정에 의해 나의 감정이나 삶이 통제당할 필요가 없다는 것을 말한다.

개념 8 부부는 같은 그룹에 속해서는 안된다

성인아이는 또다른 성인아이와 결혼하는 경향이 있다. 역기능가정에서 자란 사람은 다른 사람을 종종 구출해내고자 하는 충동에 빠진다. 동반의존의 특성은 다른 사람을 적절하지 못한 방법으로 돌보려는 것이다.

만약 부부가 같은 그룹에 있을 경우 다음과 같은 위험성이 있다.

- 둘 중의 한 사람은 다른 사람들 앞에서 자신의 감정이나 경험을 이야기하는 것을 불편하게 느낄 것이다.
- 남편 혹은 아내는 다른 사람들에게 자신의 남편이나 아내가 한 말을 재해석하려고 할 것이다. 그것은 그룹 진행에 방해가 된다.

• 그룹이 아내나 남편과 맞서게 되면, 남편이나 아내는 자신의 배우자를 방어하려고 할 것이며, 그럴 경우 그룹 진행은 방해를 받게 될 것이다.

부부는 같은 그룹에 들지 말고 남편이 먼저 그룹에 참여하고 아내는 다음 그룹에 참여하거나 혹은 그 반대로 하는 것이 좋다. 두개의 그룹이 동시에 진행된다면 각각 다른 그룹에 참여할 수도 있을 것이다.

친한 친구관계에서도 부부와 같은 문제가 일어날 수 있다. 그러므로 아주 친한 친구도 같은 그룹에 들지 않는 것이 좋다.

개념 9 확신의 말(금주의 확신)은 사람들의 사고하는 방법을 변화시킬 수 있다

역기능가정에서 자랐다는 것은 부정적인 메시지를 많이 듣고 자랐다는 것을 의미한다. 어떤 메시지는 말로 하지만, 어떤 것은 말로는 표현되지 않고 분위기나 행동으로 표현되었을 것이다. 이러한 메시지는 종종 마치 녹음테이프가 같은 내용을 반복하듯이 머릿속에 오직 하나의 메시지만이 반복하여 생각나게 한다.

'얼굴과 얼굴을 마주 대하는' 지원그룹의 치료과정 중의 하나는 '확신의 말(금주의 확신)'의 말을 사용하는 것이다. 긍정적인 내용을 담은 확신의 말은 여러분의 머릿속에 들어 있는 부정적인 메시지를 대신하도록 고안된 것이다. 각각의 확신의 말은 그 단원의 주제와 맞게 구성되어 있다. 새로운 확신의 말이 매 주마다 덧붙여진다. 회원들이 함께 '확신의 말(금주의 확신)'의 말을 큰소리로 말할 수 있도록 하라.

확신의 말(금주의 확신)은 다음과 같다.

• 나는 하나님께서 나를 사랑하신다는 것을 믿는다.
• 하나님께서 나를 다스리신다.
• 나는 예수 그리스도를 통하여 하나님 앞에서 정결하게 되었다.
• 나는 예수님께 나의 두려움을 맡겼다.
• 나는 하나님의 자녀가 되는 기쁨을 누릴 권리가 있다.
• 하나님께서 나를 사랑하시기 때문에 나는 완전하지 않아도 괜찮다.
• 나는 하나님께서 나의 고통스러운 과거의 기억을 치유하심을 믿는다.
• 무슨 일이 일어나든지 나는 하나님께서 나의 선을 위하여 역사하심을 믿는다.

• 그리스도 안에서 나 자신을 용납한다.
• 하나님께서 나를 용서하셨기에 나도 다른 사람들을 용서할 수 있다.
• 나는 축복을 받았다.

이외에도 그룹에서 사용할 수 있는 확신의 말은 "나는 당신을 지지합니다"라는 말이다. 이 말은 고통스러운 경험을 나눈 후라든가 정서적으로 매우 어려움을 느끼고 있을 때 용기를 준다. 회원들에게 이 말을 사용하도록 가르치라. 그룹이 잘 진행될 때에는 회원들은 이 말을 여러 가지 다른 경우에도 자연스럽게 사용할 수 있을 것이다.

개념 10 정서적인 치유가 일어나도록 기도하라

매일의 주간 과제를 보면 각각의 회원들을 위하여 기도하도록 되어 있다. 인도자로서 각각의 회원들에게 특별한 주의를 기울여 기도해야 할 필요가 있다. 각각의 단원은 기도로 마치도록 되어 있다. 마치는 기도시간은 간략하지만, 강력한 힘을 발휘할 것이다. 기도할 때에는 함께 토론해야 할 내용을 기도로 대신하는 일이 없도록 해야 한다. 정서적인 치유를 위한 도구로 기도를 사용하라.

무엇을 어떻게 해야 할지 모를 때 인도자로서 여러분은 가장 연약한 순간이다. 그러할 때에 하나님께서 인도하여 주시기를 위하여 기도하라. 회원들이 실제로 하나님을 의지하는 것이 무엇인가를 알도록 도와주어라.

그룹 안에서 각각의 회원들을 위해 정기적으로 기도하라. 때때로 격려의 말을 담은 노트를 보내라.

인도자가 '얼굴과 얼굴을 마주 대하는' 지원그룹을 이끌어가기 위해서는 기초적인 기술을 갖추고 있어야 한다. 그것을 요약하면 다음과 같다.

1. 지도력을 잃지 않으면서도 개인적으로는 한 회원으로서의 역할을 할 수 있어야 한다.
2. 사랑으로 직면하려고 해야 한다.
3. 상대방에게 그를 용납(수용)하고 있다는 것과 관심을 가지고 있다는 것을 알게 해야 한다.
4. 그룹이 안전하다는 느낌을 만들어주어야 한다.
5. 피드백을 유도할 줄 알아야 한다.
6. 분노를 적절하게 표현할 수 있도록 이끌어주어야 한다.
7. 회원들의 과거와 현재를 연결할 수 있도록 도와주어야 한다.

8. 회원들의 감정의 정체가 무엇인지를 알 수 있도록 도와주어야 한다.
9. 성경적인 진리와 심리학적인 진리를 통합시켜 설명할 수 있어야 한다.
10. 그룹의 감정 수준을 조절할 줄 알아야 한다.
11. 어떻게 각 단원을 시작하는지를 알고 있어야 한다.
12. 어떻게 각 단원을 끝마치는지를 알고 있어야 한다.
13. 어떤 한 사람에 의하여 그룹이 이끌려가지 않도록 해야 한다.
14. 말로 표현되지 않은 의사표시나 감정의 표현들을 읽을 줄 알아야 한다.
15. 경청의 기술을 개발해야 한다.
16. 기다릴 줄 알아야 한다.
17. 회원들이 각각 다른 회원들을 돕도록 가르쳐야 한다.
18. 감정을 인정해 주고 확인시켜줄 줄 알아야 한다.

그룹에서 일어나는 일이 무엇인지를 이해하기 위해서 읽으면 좋은 추천 도서

- 몸에 밴 어린 시절(W. 휴 미실다인, 가톨릭출판사)
- 상한 감정의 치유(데이비드 A. 시맨즈, 두란노서원)
- 아직도 아물지 않은 마음의 상처(찰스 셀, 두란노서원)
- 축복의 선물(게리 스맬리, 존 트렌트, 요단출판사)
- 기억을 통한 정신치료(데이비드 A. 시맨즈, 보이스사)
- 어느 상담심리학자의 고백(정동섭, IVP)
- 위장된 분노의 치유(최현주, 규장문화사)
- 위장된 평화의 치유(최현주, 규장문화사)
- 당신의 과거와 화해하라(노먼 라이트, 죠이선교회)
- 잃어버린 자아의 발견과 치유(C. L. 휘트필드, 글샘)

그룹 인도자가 갖추어야 할 기초 기술(Skills)

1. 지도력을 잃지 않으면서도 개인적으로는 한 회원으로서의 역할을 할 수 있어야 한다

여러분은 회원들의 모든 문제를 해결해 줄 수 있도록 특별하고 전문적인 훈련을 받은 사람이 아니다. 여러분의 역할은 그들과 함께 그 갈등을 나누는 것이다. 여러분은 다른 사람의 정서적인 고통을 이해하는 인도자일 뿐이다.

그러므로 여러분 또한 정서적으로 예민해질 필요가 있다. 여러분의 정서적인 고통이나 갈등을 함께 나누는 것은 대단한 도움이 된다. 그러나 너무 깊게 들어가지는 말아야 한다. 동시에 그룹을 독단적으로 이끌고 나가려고 해서도 안된다.

인도자가 먼저 자신의 정서적인 갈등을 이야기하면 다른 회원들도 그것을 따라할 수 있게 된다. 그러나 인도자가 너무 자신은 그렇지 않은 체할 경우에는 회원들이 믿음을 갖지 않게 될 것이다.

절대로 감정을 억지로 연출하려고 하지 말라. 절대로 여러분의 감정을 좋게 보이려고 과장하지 말라. 여러분의 감정을 있는 그대로 솔직하고 정직하게 보여주는 것이 열쇠이다.

2. 사랑으로 직면하려고 해야 한다

때로 사랑은 거칠게 표현되기도 한다. 사랑은 때로는 듣기 싫어할 때에도 말해야 한다. 성인아이들은 부정하는 것이 몸에 배어 있다. 그러므로 때로는 그것을 직면하게 해 주어야 할 때도 있다. 사랑이 동기가 된 직면(confrontation)은 그 시기와 표현이 적절해야만 한다. 그것은 적대적이거나 해를 끼치는 것이어서는 안된다.

만일 모든 갈등을 너무 부드럽게 넘겨버리거나 무시해 버린다면 여러분은 그룹을 인도해 가는데 어려움을 느끼게 될 것이다. 갈등이 항상 나쁜 것은 아니다. 직면은 이해와 치유로 나아갈 수 있도록 이끌어 준다.

3. 상대방에게 그를 용납(수용)하고 있다는 것과 관심을 가지고 있다는 것을 알게 해야 한다

수치심은 성인아이들에게 있어서 중요한 문제이다. 성인아이들은 부모의 행동 때문에 수치심을 느낄 뿐만이 아니라 자신의 행동에 대해서도 수치심을 가지고 있다. 성인아이들은 종종 자신에 대한 어떤 것을 감추고 싶은 감정을 갖는다. 그러므로 인도자는 그룹에서는 자신의 감정을 표현하는 것이 안전하다는 분위기를 만들어야 한다. 인도자는 "나는 여러분이 어떤 사람이든지 간에 그대로를 용납합니다."라는 분위기를 회원들이 알게 해야 한다.

어떤 사람을 용납한다는 것이 곧 그 사람의 가치나 선택 자체를 받아들인다는 것을 의미하는 것은 아니다. 그 사람의 가치나 선택에 동의하지 않으면서도 그 사람을 사랑할 수 있다. 어떤 사람이 가지고 있는 가치를 변화시켜야 할 필요가 있다면, 비판보다는 보살핌과 친구로서의 동정적인 태도를 통하여 영향을 주어야 한다.

인도자는 회원들이 수치스러웠던 일에 대해서 말하는 것을 듣게 될 것이다. 때때로 그 수치심은 비이성적으로 보일 것이다. 그것은 회원 자신이 한 일이 아니라, 다른 사람이 한 일일 수도 있다. 또 때때로 그 수치심은 적절한 것이기도 할 것이다.

이러한 경우 인도자의 역할은 도덕적인 판결이나 판단이 아니라, 그 사람에게 사랑을 가지고 대하는 것이다.

어떻게 용납(수용)과 관심을 나타내 보일 수 있는가? 여기에 다음과 같은 간단한 방법을 소개한다.

- 회원이 말할 때 의도적이고 아주 적극적으로 경청하라.

- 어떤 사람이 정서적으로 고통스러운 것에 대해서 말할 때 그 사람을 주목하라. 얼굴 표정으로 관심을 가지고 있다는 것을 보여주어라. 알아들었다는 뜻으로 머리를 끄덕여라. 너무나 감정이 복받쳐 말하는 것을 멈추었을 때에는 "나는 당신을 지지합니다."(I support you.)라고 말하라.

- 회원이 "미안해요."라고 말하면서 울거나 말할 때에 "이 그룹 안에서는 울어도 괜찮아요. 우리는 당신의 고통을 나누기 위해 여기에 있어요."라고 말하라.

- 당신이 생각하기에 회원이 잘못되었다고 생각되는 것을 회원이 말할 때에 도덕적인 판단을 하

려는 유혹을 피하라. 도덕적인 판단을 할 경우 회원은 다시 자신의 감정을 나누기에는 안전하지 못하다는 생각을 하게 될 것이다.

- 회원을 돕기 위한 가장 우선적인 일은 그들의 감정을 받아들여 주는 것이다. 어떤 사람과 친교를 맺을 때, 나중에 얼마든지 도덕적인 선택에 영향을 줄 기회가 있게 될 것이다. 그러한 자세를 견지한다고 해서 도덕적인 가치에 대한 관심이 부족하다고 해석하지 말라. 그것은 전략적인 문제이며, 어떻게 그 사람의 생애에 중대한 도움을 줄 수 있는가 하는 방법상의 문제이다.

- 회원이 자신에 대해 말하고 나서는 부끄러움을 느끼거나 상처를 받기가 쉬운 마음 상태가 될 것이다. 그러할 때에 다음과 같이 말해 주어라. "당신이 지금 자신의 일에 대해 나눈 것은 정말 큰 용기였습니다. 그 사실을 나눈 것에 대해 정말 경의를 표합니다."

- 다른 회원이 자신의 문제를 나눈 사람의 행동을 비난할 때에는 재빨리 개입하고 중재하라. 그리고 회원들에게 이 그룹은 다른 사람을 판단하거나 비판하기 위해서 모인 것이 아님을 상기시켜라.

4. 그룹이 안전하다는 느낌을 만들어주어야 한다

성인아이들은 정서적으로 안전한 장소가 필요하다. 어떤 사람들은 지금과 같은 그룹 분위기가 생소하게 느낄 것이다. 어떤 사람은 그러한 장소가 존재한다는 것에 대해서 회의적일 것이다. 그룹 인도자로서 여러분의 역할 중 하나는 그룹이 안정감 있고 신뢰감 있는 분위기가 되도록 하는 것이다. 다음과 같은 방법을 통하여 그러한 그룹이 되도록 할 수 있을 것이다.

- **비밀성(Confidentiality, 기밀성) 유지** 제1단원을 진행해 가면서 그리고 처음 몇 단원을 공부해 가면서 그룹은 비밀성 유지가 얼마나 중요한 것인가를 상기하게 될 것이다. 비밀성 유지를 깨뜨리는 회원이 있다면 친절하지만 단호하게 비밀성의 중요성에 대해서 상기시키고 그룹을 떠나도록 종용해야 한다. 그렇게 함으로써 비밀성을 지키려는 인도자의 의지를 분명히 보여주어야 한다.

  심지어 이야기를 말한 회원의 이름을 사용하지 않고 말할지라도 그것은 비밀성 유지를 깨뜨리는 것이라는 사실을 회원들에게 상기시켜라. 인도자는 고의적이지는 않지만 그룹을 분열시킬 수 있는 어떤 사람에게 그룹에서 일어날 일을 이야기할 수도 있을 것이다. 회원을 보호하기 위한 서약내용에 대해서 말할 때, 이러한 모든 것들을 위해서 그룹을 시작하기 전에 전문적인 상담가의 자문을 구하는 것도 중요한 일이다. 그룹을 시작하기 전에 이러한 것들에 대해서 분명하게 하라.

- **신뢰감**(Confidence) 그룹을 인도할 때, 인도자는 어떻게 해야 할지 모를 때가 있다. 그러할 때에 하나님의 인도하심을 의지하고, 하나님께서 주시는 통찰력을 따르라. 가장 유능한 인도자도 그렇게 한다.

여러분 자신의 갈등에 대해서 정직해야 하며, 인도자인 여러분에 대한 다른 회원들의 평가를 마음을 열고 받아들여라. 동시에 처음 회원들을 만날 때에 신뢰감 있는 태도를 보여라. 여러분의 태도와 말은 다음과 같은 내용을 담고 있어야 한다. "이 그룹은 긍정적인 경험을 만들어 줄 것이다. 이 그룹은 참여하는 사람들에게 많은 도움을 줄 것이다. 나는 하나님께서 이 그룹을 인도하도록 부르셨다는 것을 믿으며, 하나님께서 그렇게 역사해 주실 것이다."

개방성(Openness), 연약성(Vulnerability)과 인도자로서의 자기 확신의 부족과의 차이점이 무엇인지를 알고 있어야 한다. 개방성 혹은 연약성은 열려진 마음이다. 다른 사람의 감정에 민감한 것이다. 그러나 인도자로서의 자기 확신의 부족은 자신의 감정에도 충실치 못하고, 다른 사람도 받아들이지 못할 뿐만 아니라 돕지도 못하는 것이다.

- **사생활(Privacy, 프라이버시)** 지원그룹은 안에서 일어난 일들에 대한 사생활(프라이버시)이 지켜져야만 한다. 이것은 적절한 모임의 장소의 선택과 함께 시작된다. 그룹이 진행되고 있는 동안에 다른 사람이 문을 열고 들어오는 일이 없어야 한다. 이것은 인도자가 교회나 다른 사람들에게 공적으로 그룹에 대해 어떻게 말하는가에 따라 영향을 받는다.

회원들은 인도자가 그룹 안에서 일어난 일들에 대하여 비밀을 지킨다는 확신을 가져야만 한다. 인도자가 그러한 확신을 주지 못할 때에는 신뢰를 받지 못할 것이다.

- **경계**(Boundaries) 그룹 인도자로서 여러분은 매 단원이 진행되는 동안에 어떤 경계를 요구하게 될 것이다. 여러분은 어떤 한 회원이 다른 회원을 말로 학대하는 것을 허용하지 않아야 한다. 또 회원들에게 어떤 것이든 억지로 말하게 하지 않아야 한다. 여러분은 회원이 자신의 문제를 발견하고 성장해 가도록 부드럽게 유도해가는 것과 회원들의 의지와는 상반되게 행동하도록 교묘하게 강제적으로 조종하는 것과의 차이가 무엇인지를 알고 있어야 한다.

• **그리스도인으로서의 정체감**(Identity) 그룹에 속한 많은 사람들은 이 그룹이 교회의 후원을 받는 기독교 그룹이기 때문에 참여하게 되었을 것이다. 회원들은 그룹이 하는 일과 인도자의 개인적인 신앙과의 관계에 대하여 알고 싶어 할 것이다. 그들은 자신들이 하는 일이 신앙과 배치되는지에 대하여 두려워할 것이다. 그들은 그룹치료 프로그램이나 치유 프로그램이 혹시 뉴에이지 운동이나 세속적인 심리학과 관계되어 있다는 말을 들었을 수도 있다. 그러나 그룹에서 이루어지는 모든 일은 그리스도와 그분의 말씀을 의지하여 이루어지는 것이다. 인도자로서 그리스도와 그분의 말씀에 대한 신앙과 확신 위에 굳게 서 있다는 것을 회원들이 알게 해 주어야 한다.

5. 피드백을 유도할 줄 알아야 한다

회원들은 피드백을 하는 법을 배울 수 있다. 여러분이 설명을 하고 모범을 보인 후에 다른 회원들이 피드백을 하도록 충분한 시간을 기다려라. 회원들에게 언제나 인도자인 여러분이 첫 번째로 말하지는 않을 것이라는 사실을 알게 하라.

어떤 한 사람이 이야기 나누기를 할 때에 다른 회원들의 얼굴 표정을 유심히 관찰하라. 어떤 사람이 얼굴에 강한 정서적인 표현을 나타내거나 태도를 보일 때, 그 사람에게 "피드백을 하겠어요?" 하고 요청하라.

피드백은 어떤 한 사람이 자신의 이야기를 나눌 때에 그 이야기를 듣고 있던 다른 사람들이 자신에게서 무엇을 느끼고 보았는지를 알도록 도와준다. 또한 그의 이야기를 들음으로써 어떤 정서적인 충격을 발견한 다른 회원에게 초점을 맞출 수 있도록 해준다.

6. 분노를 적절하게 표현할 수 있도록 이끌어주어야 한다

인도자의 목표 중의 하나는 회원들이 자신들의 분노를 잘 다루도록 돕는 것이다. 어떤 회원이 화가 났을 때, 그는 그 분노를 적절하게 표현할 방법이 필요하다. 인도자의 역할은 그 분노를 건전하게 표현하도록 돕는 것이다.

분노는 개인적으로 신체적인 해를 주게 되는데, 그것은 다른 회원들에게나 모임 전체에 대해서도 마찬가지이다. 부모에 대한 분노는 회원을 향해 폭발할 수도 있고, 인도자에게 폭발할 수도 있다.

분노가 잘못된 방향으로 폭발될 때 그것에 대해서 도덕적인 평가를 할 필요는 없다. 인도자의 임무는 그 분노가 옳은 방향으로 폭발되도록 돕는 것이다. 분노는 억누르기보다는 건설적으로 표현되도록 해야 한다.

분노는 감추어져 있는 문제를 드러내는 것일 수 있다. 그러므로 분노를 표현할 수 있도록 이끌어 주어야 한다.

7. 회원들이 과거와 현재를 연결할 수 있도록 도와주어야 한다

과거의 고통은 현재에 영향을 준다. 인도자는 이 둘을 연결시키는 데 민감해야 한다. 문제를 다른 어떤 것도 덧붙이지 말고 있는 그대로 보라. 감정을 알아내라. 문제를 알아내기 위해 질문을 사용하라.

어떤 회원에게 두려움이 있다는 것을 알았다면, 다음과 같이 물어라. "여러분은 어린 시절 이와 같은 두려움을 느꼈던 적이 언제인지 기억할 수 있습니까?" 혹은 "당신은 이러한 두려움을 처음 느끼기 시작했던 때를 기억할 수 있습니까?"

종종 현재의 삶에 강력한 영향을 미치고 있는 어린 시절의 사건을 알아낼 수 없는 경우도 있다. 그러할 경우 회원이 과거와 현재를 연결시킬 수 있도록 도와주어야 한다. 통찰력을 활용하라.

예를 들어, 회원 중에는 생소한 사람들과 만나는 것에 대해서 남다른 두려움을 갖고 있는 사람이 있을 수 있다. 대부분의 경우 그러한 사람은 경쟁적이거나 자부심이 대단하지만, 그러나 자신의 열등감과 연약함을 감추기 위해서라는 것을 알 수 있을 것이다.

그러한 사람은 대부분 수치심을 기반으로 한 자아정체감을 가지고 있다. 여러분은 그 사람이 과거의 경험으로부터 생겨난 수치심과 현재 사람들에 대한 두려움이 어떤 관련이 되는지 연결시키도록 도와주어야 한다.

여러분은 수치심을 가져다 준 어린 시절의 사건을 찾아낼 수 있도록 도와주어야 한다. 그의 삶에 있어서 어떻게 수치심이 생겨났는가 하는 단서를 찾기 위해서 그의 부모가 그를 어떻게 대했는가를 질문해야 한다.

수치심의 원인을 발견한 후에 여러분은 과거의 고통스러운 경험에 의하여 만들어진 수치심이 어떻게 현재와 연결되는가에 대해서 설명해 줄 수 있을 것이다. 수치심의 정체를 알고 그것의 원인을 안다는 것은, 그것을 극복하기 위한 첫 단계가 되는 것이다.

8. 회원들의 감정의 정체가 무엇인지를 알 수 있도록 도와주어야 한다

회원들이 자신들의 감정이 무엇인지를 알게 하기 위해서는 분노(anger), 두려움(fear), 죄책감(guilt), 즐거움(joy), 외로움(loneliness), 수치심(shame), 평화(peace), 그리고 소망(hope) 등과 같은 감정들을 단순화시켜 거기에 초점을 맞추어야 한다. 이러한 감정들은 단순화 된 것이지만 성인아이들이 가지고 있는 대부분의 감정들을 포함하고 있다. 종종 인도자는 회원들에게 "당신은 어떻게 느낍니까? 두려움, 죄책감, 즐거움, 혹은 외로움이나 슬픔이나 수치심 중 어떤 것을 느낍니까?"라고 물어보게 된다. 회원들의 감정이 이러한 감정들 중 어떤 것인지 그 정체를 알아낼 수 있도록 북돋아 주어야 한다.

어떤 사람은 자신의 감정이 어떤 것인지 알아내기가 어렵다. 그러한 사람은 어려서 자신의 감정을 회피하는데 익숙해져 있는 사람이다. 그러한 사람에게는 반복해서 질문함으로써 그의 감정의 정체가 무엇인지를 알 수 있도록 도와주어야 한다.

어떤 회원이 이야기 나누기를 하는 동안에 인도자는 그의 얼굴 표정을 보고 두려움을 찾아낼 수 있다. 그러면 "당신은 어떻게 느낍니까?"라고 물어 보라. "잘 모르겠습니다."라고 대답하면, "다른 회원들은 어떻게 느꼈는지 들어볼까요?"라고 말하라. "예."라고 대답하면, 다른 회원에게서 "나는 당신의 얼굴에서 두려움을 보았어요." 혹은 "두려워하고 있는 것 같아요."라는 대답을 듣게 될 것이다. 인도자인 당신은 그러한 회원들의 피드백을 받아들이도록 격려해 주어야 한다. 그럼으로써 그 사람은 자신의 감정의 정체가 바로 두려움이라는 것을 인식하게 되는 것이다.

또 다른 경우 자신의 감정을 억누르려는 사람을 발견할 수 있을 것이다. 그러할 경우 "지금 억누르려고 하는 감정이 무엇입니까?"라고 물어보라. 그리고 왜 그러한 감정을 억누르거나 회피하려고 하는지를 물어봄으로써 그 감정의 정체와 원인을 알아낼 수 있도록 도와줄 수 있다.

9. 성경적인 진리와 심리학적인 진리를 통합시켜 설명할 수 있어야 한다

「가족치유 마음치유」는 성경의 진리와 심리학적인 진리의 바탕 위에서 썼다. 그러므로 그룹을 인도해 갈 때에 성경과 심리학과의 균형을 잘 유지하도록 도와주어야 한다. 성경의 진리와 참된 심리학의 진리는 서로 배치되지 않는다. 심리학적 통찰력은 성경의 진리를 더욱 분명히 하는데 많은 도움을 준다. 성경의 언어들은 정서적인 문제들을 부정하고 있지 않다. 그러므로 회원들이 성경적인 진리의 바탕 위에서 심리학적 이해를 할 수 있도록 도와주어야 한다. 심리학적이며 정서적인 분야와 영적인 분야는 서로 동떨어져 있는 것이 아니다. 그러므로 어린 시절을 신학적인 렌즈와 심리학적인 렌즈를 통해 살펴 볼 수 있도록 하라.

10. 그룹의 감정 수준을 조절할 줄 알아야 한다

어떤 회원들은 감정을 다루는 것을 싫어할 것이다. 어떤 사람에게 인도자인 여러분이 그의 뒷배경에는 수치심이 있는 것 같다고 말하면 그는 다음과 같이 말할 것이다. "네, 나는 수치심에 대한 책을 읽어보았어요." 그러면서 수치심에 대하여 논리적인 해석을 할 것이다. 그럴 경우 인도자는 그렇게 말하는 사람에게 "수치심에 대한 책을 읽어보았다니 참 기쁘군요. 그러나 나는 당신이 어떻게 느꼈는지를 알고 싶습니다. 나는 당신이 수치심을 느끼고 있다고 생각해요. 당신의 수치심에 대해서 이야기 해 봅시다."라고 말함으로써 직면(confrontation)할 수 있을 것이다.

때때로 그룹 전체가 감정을 다루는 것을 피하기 위하여 논리적인 토론만을 하려고 할 것이다. 그러할 경우 인도자의 역할은 항상 감정의 수준으로 끌어내리는 것이다. 종종 인도자는 회원들 중 몇 사람에게 "지금 무엇을 느낍니까?"라고 물어야 할 필요가 있을 것이다. 회원들이 "슬픔을 느껴요"라고 대답하면 "무엇에 대한 슬픔입니까?" 혹은 "그 슬픔은 어디서 시작되었습니까?" 혹은 "무엇과 같은 슬픔입니까?"라고 되물어야 한다.

침묵을 두려워하지 말라. 비록 말이 없을지라도 감정을 알아내는 법을 배워야 한다. 인내하라. 회원들이 그들 스스로 감정을 발견하도록 하라. 감정을 알아내기 위해서는 시간이 필요하다. 인도자는 문제에 대하여 논리적인 대답을 주거나 성경구절을 알려주기 위해서 있는 것이 아니며 상처가 즉각적으로 사라지기를 기대해서는 안된다는 것을 기억하라. 그룹의 감정에 대한 인도자인 여러분 자신의 반응에 민감하라. 방안에서 두려움을 느낀다면, "나는 지금 두려움을 느껴요. 여기 또 두려움을 느끼는 사람이 있나요?"라고 말할 필요가 있다.

강력한 정서적인 표현이 그룹에서 일어날 수 있다. 어떤 사람이 울기 시작하면, 울 시간을 주어라. 주제를 바꾸지 말라. 토론 상대를 바꾸지 말라. "자, 이제 됐어요. 그만 우세요."라고 말하지 말라. 잠시 더 울게 놔두어라. "괜찮아요. 실컷 우세요." 혹은 "당신의 감정에 충실하세요."와 같은 말을 사용하라.

어떤 사람은 같은 감정을 느끼지만, 어떤 사람은 무표정할 것이다. 그 때에 "모든 사람들이 다 같은 감정을 느끼는데, 여러분은 무감각하다는 것은 이상하지 않아요?"라고 물어 봄으로써 감정적인 반응을 부정하고 있다는 사실을 깨닫게 해 줄 수 있을 것이다.

회원들이 감정을 느끼도록 하기 위한 열쇠는 인도자 자신이 감정에 충실하는 것이다. 그러므로 인도자는 자신의 감정을 말하는 것을 두려워하지 말아야 한다.

11. 어떻게 각 단원을 시작하는지를 알고 있어야 한다

모임 장소에 다른 회원들보다 일찍 와서 그들을 맞아들여야 한다. 그리고 회원들이 도착할 때의 얼굴 표정과 감정이 어떠한지를 살펴야 한다. 시작할 준비가 되면 그룹을 시작하는데, 지난 한 주간을 어떻게 보냈는지 점검해보는 질문을 함으로써 시작한다. 예를 들면, "누가 오늘 지난 한 주간 동안 어떤 일이 있었는지 말해 보시겠습니까?" 혹은 "지난 주간에 배운 내용과 관련해서 한 주간 동안 어떤 일이 있었는지 말해 주시겠습니까?"와 같은 질문이다.

아주 충격적인 일을 겪은 사람도 있을 것이기 때문에, 그러한 경우 그룹이 시작되자마자 말할 필요가 있다.

12. 어떻게 각 단원을 끝마치는지를 알고 있어야 한다

그룹을 끝마칠 때에 인도자는 두 가지 위험에 직면할 수 있다. 하나는 너무 정해진 시간과 일정에 얽매여 끝내는 경우이다. 그러할 경우 정말로 다루어야만 할 문제를 나누지 못한 채 끝내게 된다. 또 다른 위험은 계획된 시간보다 너무 길게 진행하는 경우이다. 그러므로 인도자는 진행시간에 대해 유연성을 가져야 한다. 시간이 초과될 경우에는 회원들의 양해를 구하고 진행해야 한다.

끝마치기 30분 전에 마감시간에 초점을 맞추어 진행해야 한다. 그리고 끝마치기 전에는 다음과 같이 물어야 한다. "다른 질문이나 나누어야 할 문제를 가지고 있는 분이 있습니까?" 그래서 질문에 대한 답에 따라 필요하다면 회원들의 양해를 얻어 몇 분간을 연장하여 진행할 수 있다.

끝마치기 전에 다음과 같은 사항을 점검해 보아야 한다.

- 어떤 한 사람을 너무 소외시키지는 않았는가?
- 어떤 사람이 이야기 나누기를 할 때에 다른 사람의 반응에 초점을 맞추는 바람에 이야기 나누기가 중단되지는 않았는가?
- 한 사람에게만 말을 시키지는 않았는가?

마지막으로 모든 회원들이 손에 손을 맞잡고 기도함으로써 끝마칠 수 있다. 기도는 각자가 자신을 위하여 소리를 내어서 기도하게 하는 것이 좋다. 이때에 어떤 사람은 같이 기도하는 것을 주저할 수도 있다. 소리를 내어서 기도하기를 원치 않는 사람이 있다면 단순히 "아멘"만 하도록 해도 된다.

기도시간은 중요한 시간이다. 이 시간을 통하여 회원들은 긍정적인 말과 생각을 가질 수 있는 것이다. 그러므로 기도는 긍정적이어야 한다.

마감기도를 하면 모임이 끝난 것이다. 마감기도 후에는 절대로 어떤 문제에 대한 토론이나 나눔을 하지 못하게 하라. 해결되지 않는 문제나 감정들이 있다면 다음 모임시간에 다루어야 한다.

13. 어떤 한 사람에 의하여 그룹이 이끌려가지 않도록 해야 한다

이 그룹의 특징은 누구나 말할 기회를 가지고 있다는 것이다. 그러나 어떤 사람은 너무 길게 말하려고 할 것이다. 어떤 사람이 자신의 일에 대해서 너무 자잘한 것까지 길게 말하려고 할 경우에는 그 사건에 대한 감정이 어떠한 것이었는지를 말하도록 유도하여야 한다. 사건 자체가 중요한 것이 아니라 그 사건 때문에 느끼는 감정이 중요한 것이다.

너무 길게 말하는 사람의 말을 끊을 때는 조심스럽게 해야 한다. "그래서 지금 말하려고 하는 요점이 무엇인가요?" 혹은 "무엇 때문에 수치심을 느꼈나요?"와 같은 질문을 사용하는 것이 좋다. 그렇게 함으로써 말을 간단하게 하도록 유도할 수 있다.

또는 다른 회원에게 "지금 하시는 말씀을 듣고 어떻게 느꼈어요?"라고 피드백을 요청함으로써 길게 말하는 것을 중지시킬 수도 있다.

14. 말로 표현되지 않은 의사표시나 감정의 표현들을 읽을 줄 알아야 한다

대부분의 회원들은 느끼는 감정이나 생각을 말로 표현하기보다는 태도나 표정으로 나타낸다. 비언어적인 표현은 매우 중요한 메시지를 나누는 단서가 될 것이다. 다음은 주의해서 보아야 할 비언어적인 표현들이다.

- **자세나 몸짓**(Posture and Body Orientation) 어떤 자세로 앉아 있는가? 얼굴을 외면하고 있는가? 몸을 앞으로 구부려서 말하는 것을 주의 깊게 듣고 있는가? 등등.

- **얼굴 표정**(Facial Signals) 인도자는 얼굴 표정을 읽는 법을 배워야 한다. 어떤 회원이 어린 시절의 고통스러웠던 사건을 이야기할 때에 다른 회원들의 얼굴 표정을 살펴야 한다. 고통스러운 얼굴표정인가? 눈물을 감추려고 하는가? 두려움을 나타내고 있는가? 얼굴 표정에

어떤 메시지가 나타나고 있는가? 감정을 감추려 하고 있는가?

- **숨소리**(Breathing Patterns), **침을 삼킴**(Swallowing Saliva), **혹은 신음소리**(Gulps)**나 한숨**(Sighs) 한숨이나 깊은 숨, 침을 삼킴, 등등과 같은 것들을 살펴야 한다. 그러한 반응이 나타나는 순간을 주목하라. 그러한 것이 무엇을 의미하는가? 질문을 해 보라. 예를 들면, "지금 한숨을 쉬셨는데, 어떤 것을 느끼셨습니까?" 등과 같은 질문이다.

15. 경청의 기술을 개발해야 한다

인도자는 잘 듣는 사람이어야 한다. 말 뿐만이 아니라 표정이나 비언어적인 표현까지도 잘 읽을 줄 알아야 한다. 그래야 회원들을 도울 수 있다.

다음은 듣는(경청) 기술이다.

- **어떤 회원이 말할 때에 다른 회원들의 표정을 잘 살피라.** 그들이 태도나 표정으로 무엇을 말하고 있는가?

- **회원이 방금 말한 것을 다시 말하거나 요약하기 위하여 잘 기억해야 한다.** 그리고 "지금 당신이 말한 것은 이러한 것입니까?"라고 물어라. 그리고 회원들의 반응을 유도하라.

- **지금 말하고 있는 사람의 얼굴 표정을 잘 살펴라.**

- **적절한 때에 머리를 끄덕거리며 지금 하는 말을 잘 듣고 있다는 것을 표현하라.** "그랬군요." 혹은 "저런!" 등등과 같은 짧은 표현을 통해 하는 말을 잘 듣고 있다는 것을 나타낼 수도 있다.

- **필요할 때에는 말을 끊고 방금 한 말을 분명하게 하기 위하여 설명하도록 할 필요도 있다.**

- **다른 회원들의 반응이 필요할 경우에는 그렇게 할 기회를 주어라.**

16. 기다릴 줄 알아야 한다

그룹에서 무슨 일이 일어날 것인지에 대해서 미리 예측하거나 혹은 추측하려고 하지 말라. 그룹에서 중요하게 일어나는 일들은 당신이 미리 계획한 일이나 혹은 그 주간의 주제와는 전혀 다르게 일어날 것이다. 당신이 기다릴 줄 아는 사람이라면 그룹이 진행되는 동안 매우 자발적으로 일을 처리해 나가려고 할 것이다. 무슨 일이 일어날 것인지에 대해서 두려워하지 말라. 오직 하나님만을 의지하라. 어떤 일이 일어나든지 하나님께서 당신을 도우신다는 믿음을 가지라. 구체적인 도움을 위해서는 이 책 52쪽에 있는 '예측하지 못한 문제를 해결하는 기술을 개발하라.'를 보라.

17. 회원들이 각각 다른 회원들을 돕도록 가르쳐야 한다

그룹이 진행되는 동안 인도자는 서로 돕도록 격려해 주어야 한다. 처음에는 인도자가 격려하고 지지하는 모범을 보이지만 차차 시간이 흐르면서 회원들이 서로 그렇게 하도록 해야 한다. 몇 번의 회기가 지난 후에는 당신이 직접 "지금 어떻게 느낍니까?"와 같은 질문이나 혹은 "나는 당신을 지지합니다."와 같은 말을 하지 않아야 한다. 회원들이 자발적으로 다른 회원이 나누는 말을 듣고 서로 피드백을 할 수 있도록 해야 한다. 그룹이 이러한 개념을 깨닫게 되면 당신은 점점 더 말을 적게 하게 될 것이다.

18. 감정을 인정해 주고 확인시켜줄 줄 알아야 한다

자신의 감정을 나눈다는 것은 매우 힘든 일이라는 것을 명심하라. 어떤 회원이 자신의 감정을 나누려고 할 경우 그렇게 하도록 북돋아 주어라. "지금 당신의 감정을 나누는 것은 매우 힘들다는 것을 알고 있습니다. 그럼에도 불구하고 용기를 내 주신 것에 대하여 감사드립니다."라는 말로 격려해 주어라.

성인아이들은 자신의 부모나 자신의 삶에 중요한 영향을 준 사람에 대한 감추어진 분노를 다루어야 할 필요가 있다. 마치 그러한 감정이 없는 것처럼 하는 자신을 깨닫도록 도와주어라. 그러한 감정은 경험되고, 알고, 다루어져야 할 필요가 있다. 궁극적인 목표는 부모를 향한 분노를 만들어내는 것이 아니라, 현재 존재하지만 감추어져 있는 분노를 드러내어서 그것을 치유하는 것이다.

어떤 사람의 감정이 "옳다" 혹은 "옳지 않다"라고 말하지 말라. 지금 지원그룹에 참여한 사람들은 자신의 감정을 발견하고 느끼는데 어려움을 겪고 있는 사람들이다. 그러므로 감정을 발견하면 그것이 어떤 감정이고, 그것에 어떻게 반응해야 하는지를 결정하도록 도와주어야 하는 것이다. 이러한 기술을 발전시켜갈 때에 그들은 지금까지 써 오던 비건설적인 방법이 아니라 건설적인 방법으로 자신의 감정을 어떻게 다루며, 다른 사람들과 어떻게 관계를 맺어야 하는가를 배울 준비가 될 것이다.

※ 인도자를 위한 부가적인 도움 ※

1. 통찰력을 얻기 위하여 다른 지원그룹을 방문하라

다른 지원그룹을 방문하는 것은 당신이 그곳에서 본 것에 대하여 동의하든지 그렇지 않든지 '얼굴과 얼굴을 마주 대하는' 지원그룹을 인도하기 위한 준비를 하는데 많은 도움을 줄 것이다. 당신에게 도움이 되는 어떤 아이디어들을 얻게 될 것이다. 당신이 다니는 교회 주변의 다른 교회에서 모이는 참석할 만한 그룹이 있는지 알아보라. 또한 알코올중독자 익명모임, 알코올중독자 가정에서 자란 성인아이 모임, 섭식장애자 익명모임, 동반의존자 익명모임 등과 같은 그룹들에 대해서도 고려해 보라.

2. 예측하지 못한 문제를 해결하는 기술을 개발하라

- **어떤 사람이 통제력을 잃었을 경우에는 어떻게 해야 하는가?** 회원 중에는 너무 감정이 격해져서 통제력을 잃어 특별한 도움을 받아야 하는 경우도 있을 것이다. 먼저, 그러할 경우 어떤 반응을 하기 전에 무엇을 할 것인가를 결정하라. 빨리 의뢰를 하거나 전문적인 도움을 받을 수 있는 곳을 적은 노트를 보거나 전화번호를 찾아 연락할 필요가 있다.

  그러한 경우에 직면했을 때에 그 당사자뿐만이 아니라 다른 사람이 해를 입지 않도록 보호해야 한다. 당황하지 말라. 특별한 전문적인 도움을 위해서 구급차를 불러야 하는지 결정하라.

  여기에 '얼굴과 얼굴을 마주 대하는' 지원그룹에서 예기치 않는 일들이 일어났을 때 어떻게 반응했는지에 대한 한 가지 예가 있다. 한 회원이 자신의 이야기를 나누고 있는 동안에 한 남자가 갑자기 뛰어올라 의자를 걷어차면서 방을 가로질러 뛰어갔다. 그러더니 매우 슬픈 울음을 터뜨리면서 방을 뛰쳐나갔다. 그 다음에 우리는 큰 소리를 들었는데, 곧 우리는 그것이 홀의 벽을 주먹으로 치는 소리라는 것을 알게 되었다.

처음에는 우리 모두가 큰 충격을 받아서 얼음처럼 굳어 있었다. 몇 초가 흐른 후에 회원들은 모두 홀로 뛰어나갔다. 그 남자는 벽에 기대어 서 있었는데, 정신없이 울고 있었다. 하나 둘씩 회원들은 그 남자를 둘러쌌다. 그리고 그 남자를 위로하려고 했다. 다른 회원들도 그를 위로하려고 했다. 몇 분이 흐른 뒤 그룹은 그를 그룹 진행 과정에 다시 참여하도록 설득하였다. 그룹이 진행되는 동안 어떤 이야기를 듣고 있던 그 사람은 갑자기 과거에 자신이 경험했던 심각한 고통을 쏟아내기 시작하였다. 이 사람에 대해서 나타낸 그 그룹의 반응과 행동은 갑작스러운 문제에 빠진 사람을 어떻게 사랑으로 이끌어 줄 것인가에 대한 아름다운 실례이다.

이 경우 그룹은 그룹 밖의 도움이 필요하지 않았다. 그 그룹은 당황스러운 상황에서도 놀라운 반응을 할 수 있었다. 당신의 그룹이 깊은 정서적인 아픔을 가진 사람을 도울 수 있는 능력에 대해서 과소평가하지 않도록 하라.

- **회원들 간에 바람직하지 않은 관계로 발전할 경우 어떻게 해야 하는가?** '얼굴과 얼굴을 마주 대하는' 지원그룹 회원들은 서로 간에 친밀한 관계를 유지해야 한다. 작은 소그룹에서 남녀 간에 열려지고 정직한 상호관계의 분위기는 그룹의 효율성을 위한 중요한 열쇠 중의 하나이다. 그러나 당신은 잠재적으로 남녀가 특별한 감정적인 관계로 발전할 수 있다는 주의를 강조해 주어야 한다. 예를 들어, 결혼생활에 문제를 가지고 있는 사람은 자신의 배우자보다 다른 회원과 감정적으로 더 가까워질 수 있다. 그러한 경우, 인도자는 '얼굴과 얼굴을 마주 대하는' 지원그룹은 치유를 위해 모이는 것이지 가정을 깨뜨리기 위해서 모이는 것이 아님을 주지시켜야 한다. 회원들 간에 바람직하지 않는 관계로 발전하지 않도록 주의를 기울이도록 해야 한다. 그러나 우정과 정서적인 공감까지 억압하는 일은 없어야 한다. 가장 좋은 지침은 회원들에게 "그룹안에서의 남녀 간의 우정을 만들어가는 것이 결코 각각의 배우자와의 문제를 감소시키거나 해결해 줄 수 없습니다."라고 말해주는 것이다.

  당신의 모임이 저녁이나 혹은 늦게 끝날 경우 고려해야 할 지침은 모든 회원들이 한꺼번에 같은 곳으로 가지 않는 한, 그룹이 끝나자마자 곧장 집으로 돌아가도록 하는 것이다. 모임이 끝난 후 차를 같이 마시기 위해서 함께 갈 경우 가장 좋은 방법은 미리 가족에게 그 계획과 시간을 알리도록 하는 것이다. 그러므로 그룹이 너무 늦게 끝나거나 가족을 고려하지 않고 그룹 후의 모임을 갖거나 하는 것은 바람직하지 않다.

- **어떤 사람이 그룹을 떠날 경우에는 어떻게 해야 하는가?** 상처받은 과거를 직면하는 것은 괴로운 일이다. 어떤 사람은 그룹에 동참하는 것에 대해서 지난 시간에는 결정했다가 갑자기 말

을 바꾸기도 한다. 그렇게 과거의 일을 다시 다룬다는 것이 두렵고 당황스러운 일이 될 수 있다. 그래서 처음에는 참여하였다가 자신의 문제를 발견하고는 당황스러워 하면서 그로 인한 두려움과 좌절감에 대하여 다른 사람을 비난하려고 할 것이다. 그는 인도자 혹은 그룹 전체를 비난하려고 할 것이다. 그는 너무 비판적이고 분석적이라고 비난할 수도 있다. 그는 여러분이 영적이지 못하다고 비난할 수도 있다. 이러한 경우 인도자와 그룹 전체는 그의 비난에 대하여 침묵을 지켜야 한다. 그를 비난하려는 유혹을 떨쳐버려라. 인내하라.

인도자가 그룹에서 이러한 방법으로 반응하는 사람을 돕는 일에 언제나 성공하는 것은 아니다. 그러한 사람은 그룹을 떠날 수도 있다. 그럴 경우 그룹에 참여하는 것을 그만 둔 후에 그에게 전화를 하도록 하라. 그 사람에게 당신은 화가 나지 않았다는 것을 알게 하고, 언제든지 나중에 자신을 괴롭히는 문제에 대해서 말하기 위해 전화로 연락할 수 있다는 것을 알게 하라. 당신은 "다음 주간에 당신을 위해서 내가 어떤 기도를 할 수 있을까요?"라고 물어라. 하나님께 그에게 평안과 힘을 주시고, 사랑을 보여 달라고 기도하라. 억지로 돌아오라고 말하지 말라. 자유롭게 떠날 수 있도록 해주어야 그가 다른 '얼굴과 얼굴을 마주 대하는' 지원그룹에 참여할 수 있을 것이다. 억지로 그룹에 남도록 요구하지 말라. 다른 그룹에 참여할 수 있는 기회를 가지도록 스스로 결정하게 하라.

그 사람이 그룹을 떠난 후에 다른 회원들이 그 사건에 대해서 말하고 싶어 한다면 말하게 하라. 그러나 그 사람에 대한 비난을 해서는 안된다. 다만 그 사건에 대한 회원들의 느낌과 감정에 대해서만 말하게 하는 것이 당신의 목적이 되어야 한다.

- **회원들의 가족이 이해하지 못할 경우에는 어떻게 해야 하는가?** 지원그룹에 참여한 사람들의 가족은 몇 가지 이유 때문에 협조적이지 못할 것이다. 역기능가정은 가정의 문제를 외부에 말하는 것을 좋아하지 않는다. 그것은 절대로 비밀을 누설해서는 안된다는 가정의 규칙을 깨뜨리는 것이다. 그렇기 때문에 지원그룹에 참여한다는 사실은 다른 가족에게 위협이 될 수 있다.

회원들은 처음에는 좋은 느낌을 갖기보다는 나쁜 감정을 갖는다. 마찬가지로 가족들은 이 그룹이 과연 정말로 도움을 줄 것인가 의문을 갖는다. 가족들은 도움을 주기보다는 더 악화시킬 것을 두려워한다.

가족관계에 정서적인 괴리감이 있을 경우에는 다른 사람과 가까워지는 것에 대하여 두려움을 가지게 될 것이다. 역기능가정의 규칙은 "나는 너와 정서적으로 가까워지길 원하지 않는다. 또한 다른 사람이 너와 정서적으로 가까워지는 것도 원하지 않는다."는 것이다.

회원들에게는 가족들이 지원그룹에 참여하는 것에 협조적이지 않을 것이라는 사실을 알려주어라. 가족이 협조적이지 않아서 실망하는 회원들이 있을 때에는 그들에게 용기를 북돋아 주어라. 가족들에게 그룹에 참여한 가족의 상태가 처음에는 더 악화되는 것처럼 보일 수도 있지만 차차 좋아진다는 사실을 설명해 주어라. 그리고 가정에서 일어났던 과거의 문제들을 다루는 것이지 현재 가족들에게 일어나고 있는 문제들을 다루는 것이 아니라는 사실을 설명해 주어라.

• **회원에게 아무런 도움도 주지 못했을 경우에는 어떻게 해야 하는가?** 대부분의 사람들은 지원그룹을 통하여 도움을 받았다고 말한다. 그러나 때때로 어떤 사람은 그렇지 못한 경우가 있다. 그러한 경우 먼저, 하나님 외에는 어떤 사람도 완전하지 않다는 것을 기억하라. 또한 모든 사람이 같은 결과를 얻는 것은 아니라는 사실을 알아야 한다. 두 번째, 어떤 사람은 지원그룹을 통해서는 해결할 수 없는 아주 심각한 문제를 안고 있는 경우도 있을 것이다. 그러한 사람은 전문적인 도움을 받아야만 한다. 어떤 사람은 다른 지원그룹으로 가도 되겠느냐고 물을 것이다. 그럴 경우 대답은 물론 "예"이다. 어떤 사람은 더 자세한 이해를 위해 처음에 공부할 때에 배운 내용들을 다시 공부하길 원할 것이다.

예비 그룹 인도자를 위한 훈련

'얼굴과 얼굴을 마주 대하는' 지원그룹 인도자는 회기가 진행되는 동안 한 명의 회원으로서 그룹에 참여한다. 그들은 그룹을 진행하기 전에 다른 그룹 인도자들과 함께 다양한 경험들을 함께 나누는 시간을 가지면 도움이 될 것이다.

1. 모임을 위한 지침

이 훈련 계획은 「가족치유 마음치유」 그룹 혹은 다른 큰 영역의 모임을 위한 예비 그룹 인도자들을 돕는데 유용하도록 하기 위한 계획이다. 그 외에도 교회의 목회자, 교회 다른 직원들, 가정생활 상담원, 제자훈련 지도자, 집사, 혹은 다른 관심을 가지고 있는 지도자들도 함께 참석할 수 있다. 이 시간을 위한 교재로는 「가족치유 마음치유 지도자지침서」를 이용할 수 있다.

2. 모임의 목적과 성과

모임의 목적은 교회에서 「가족치유 마음치유」를 인도하는데 필요한 기술들을 공부하는데 있다. 모임을 마친 후에 참석자들은 다음과 같은 내용들을 알게 되는 성과를 얻을 수 있을 것이다.

- 「가족치유 마음치유」의 내용을 잘 설명할 수 있게 될 것이다.
- 「가족치유 마음치유」를 어떻게 가르쳐야 하는지를 알게 될 것이다.
- 인도자의 역할과 자격에 대해서 설명할 수 있게 될 것이다.
- 교회에서 「가족치유 마음치유」를 위한 그룹을 어떻게 계획하고 운영하고 인도하는지를 알게 될 것이다.

3. 모임을 하기 전에

1) 학습자용 교재와 지도자지침서를 나누어 준다. 지도자지침서를 처음부터 55쪽까지 읽게 한다. 그리고 모임이 시작되기 전까지 학습자용 교재 제1단원을 공부하도록 한다.

2) 모임 장소를 정한다. 6명에서 8명씩 앉을 수 있도록 의자를 원형으로 놓는다.(예를 들어, 참석자들이 16명이면 8명씩 두 그룹이 된다.)

3) '얼굴과 얼굴을 마주 대하는' 지원그룹의 기본 개념 10가지를 복사해서 참석자들의 의자에 붙여 놓는다.

4) '얼굴과 얼굴을 마주 대하는' 지원그룹을 시작하는 가장 중요한 10단계를 차트로 만들어 준비한다.

5) 참석자들을 위해 명찰과 매직펜 혹은 크레파스, 백지, 그리고 필기도구를 준비한다.

4. 모임의 진행

1) **시작**(10분) 이름표를 만들게 한다. 소그룹을 만든다. 그리고 서로를 익히는 시간을 갖고, 그룹의 이름을 정하게 한다.

2) **나누는 시간**(20분) 참석자들을 환영한다. 「가족치유 마음치유」에 관한 인도자 자신의 이야기를 들려준다. 그것이 어렵다면 학습자 교재 6쪽에 있는 팀 슬레지(Tim Sledge) 목사의 이야기를 들려준다. 이 시간은 인도자가 무엇을 해야 하는가에 대한 본이 된다. 즉, 그룹에 대한 신뢰, 치유를 위해 기꺼이 자신의 이야기를 나누고자 하는 의지를 보여주게 되는 것이다. 인도자 자신이 더 많이 자신을 열어 보일 때, 참석자들이 앞으로 지원그룹을 인도하는데 도움이 될 것이다.

3) **감정을 점검하기**(10분) 참석자들에게 자신들의 감정을 한마디로 표현하게 한다. 즉, 슬픔, 두려움, 죄책감, 수치심, 즐거움, 분노, 고통, 소망, 또는 평화 등이다. 그러한 감정들을 나누도록 하라.

4) **그룹의 목표**(20분) 참석자들에게 이 책 21쪽 '얼굴과 얼굴을 마주 대하는' 지원그룹의 목표를 읽게 한다. 각각의 회원들에게 목적 한가지씩을 할당하여 읽게 한 다음, 그것을 요약하여 그룹에서 발표하게 한다. 그렇게 함으로써 자연스럽게 전체가 지원그룹의 목적을 알게 한다.

5) **어떻게 그룹을 진행하는가?**(10분) 참석자들에게 학습자용 교재 39-44쪽을 읽게 한다. 그리고 40쪽의 '성공적인 그룹 진행의 열쇠'를 읽게 한다. 각각의 내용들을 간략하게 요약하게 한 다음, 42쪽의 '그룹의 규칙들과 진행 절차에 대한 복습'에 대해서 토론한다.

6) **휴식**(10분)

7) **제1단원을 공부하기**(65분) 다음 네 가지 질문에 대하여 각각의 그룹이 토론하도록 한다.
   (1) 당신은 역기능가정에서 자랐습니까? 왜 당신의 가정이 역기능가정이라고 생각합니까?
   (2) 왜 당신은 이 그룹에 참여하였습니까? 무슨 문제를 가지고 여기에 참석하였습니까?
   (3) 당신이 자라면서 경험하였던 사건 중 하나를 우리가 이해하는데 도움이 되도록 말해 주겠습니까? 그것은 상처, 수치심, 혹은 두려움일 수도 있습니다.
   (4) 이 그룹을 통해서 성취하고자 하는 당신의 목표는 무엇입니까?

8) **제1단원의 요약과 복습**(10분) 인도자는 '인도자 자기평가 점검표'에 따라 참석자들의 경험을 요약하고 복습하게 한다. 인도자 자기평가 점검표는 다음과 같다.
   (1) 회원들의 욕구를 그룹 진행과정에 잘 반영할 생각을 하는가?
   (2) 모든 문제를 해결해야만 한다고 느끼는가?
   (3) 분노나 갈등을 두려워하는가?
   (4) 쉬운 답을 주어야할 필요가 있다고 느끼는가?
   (5) 그룹이 진행되는 동안 침묵하는 시간을 용납하고 기다려줄 수 있는가?
   (6) 회원이 울 때에(혹은 격한 감정을 표현할 때에) 그렇게 하도록 허용할 생각이 있는가?
   (7) 필요하다면 사랑으로 회원을 직면(confrontation)할 준비가 되어 있는가?
   (8) 회원들을 있는 그대로 받아들일 수 있는가?
   (9) 어떤 회원이 화를 낼 때에 그러한 불경스러운 행동에 대해서 비판하거나 정죄하지 않을 수 있는가?
   (10) 회원들이 하기를 원하는 것을 기꺼이 할 수 있는가?
   (11) 나 자신의 감정에 충실하려고 하는가?

(12) 나 자신의 정서적인 고통을 기꺼이 나누려고 하는가?

(13) 그룹에 대하여 정직하려고 하는가?

(14) 정서적으로 현재 느끼는 것들을 회원들과 함께 나눌 준비가 되어 있는가?

9) **지원그룹 진행을 위한 기본 개념**(15분) 이 책 26쪽 '지원그룹 진행을 위한 기본 개념'을 큰 종이나 칠판에 써서 참석자들이 볼 수 있게 하라. 그리고 각각의 내용에 대해서 설명을 해 주어라.

10) **각 단원의 개요**(15분) 각 단원이 어떻게 구성되어 있는지 간략하게 설명한다.

(1) 금주의 학습목표

(2) 예상되는 일

(3) 적용될 기초 기술

(4) 단원을 시작하기 전에

(5) 단원의 진행

- 점검
- 나눔의 형식
- 토론과 질문
- 감정의 점검
- 마감기도

(6) 단원을 끝낸 후(끝맺음)

11) **그룹을 시작하는 단계**(30분) 이 책 10쪽 '얼굴과 얼굴을 마주 대하는' 지원그룹을 시작하기 위한 단계를 읽고, 설명해 준다.

12) **목표를 정하기**(10분) 참석자들에게 필기도구를 준다. 그리고 이 훈련과정을 통하여 성취하고자 하는 목표를 적어도 3가지 이상씩 쓰게 한다. 지원자가 있다면 자신의 목표를 발표하여 함께 나누게 한다.

13) **기도시간**(10분) 참석자 전원이 서로를 위해 기도하도록 요청한다. 그리고 이 훈련과정이 더욱 발전하고 더 많은 사람들에게 도움이 될 수 있도록 기도해 달라고 요청한다.

14) **끝맺음**(5분) 모임에 대하여 요약하고 참석자들에게 하나님의 인도하심에 따라 이 지원그

룹을 잘 운영해 나가도록 격려하고 도전을 주는 말을 한다. 기도로 끝맺는다.

5. 모임 후

참석자들에게 편지를 쓴다. 모임에 참석한 것에 대하여 감사한다. 각자의 교회에서 지원그룹을 잘 운영할 수 있도록 격려하고 계속적인 도움과 지원을 약속한다.

「가족치유 마음치유 지도자지침서」 단원별 진행 계획

다음의 단원별 진행계획은 매 모임마다 그룹을 의미 있고 순조롭게 진행해 나갈 수 있도록 도움을 줄 것이다.

금주의 학습목표

목표는 각 단원의 예상되는 결과들을 설명해준다. 각각의 회원들은 그들 고유의 페이스에 따라 진행해 나간다는 것을 명심하라. 매주 목표를 성취하지 못했다고 하여서 낙심하지 말라. 회원들은 여러분에게 달려 있다. 회원들의 욕구에 민감하라. 그러한 욕구에 부응하게 이끌어 달라고 주님께 맡겨라. 정기적으로 기도하면 하나님께서 여러분을 계속 이끌어 주실 것이다.

예상되는 일

인도자가 경험한 것들에 기초하여 매주 각각의 단원을 진행할 때에 일어날 수 있는 일들에 대하여 설명한다. 당신은 회원들이 공부할 내용과 관련된 경험들을 매주 직면하게 될 것이다. 여기에 기록한 내용들은 당신이 단원을 진행하는 동안 일어날 가능성이 있는 일들에 대하여 미리 조심하도록 하려는 것이다.

적용될 기초 기술

인도자는 기초 기술이 요구된다는 것에 대하여 이미 앞에서 설명하였다. 매주 제시된 기초 기술들은 연속적으로 적용할 수 있도록 계획된 것이다. 매 단원마다 제시된 기초 기술을 철저하게 공부한다면 각 단원을 더욱 효과적으로 진행해 나갈 수 있을 것이다.

단원을 시작하기 전에

여기에 제시된 내용들을 주의 깊게 그리고 완전하게 공부한다면, 그룹 회기를 인도할 준비가 되어 있는 것이다. 완전히 숙지하고 준비를 마친 항목에는 네모안에 √표시를 하라. 이러한 점검은 1단원부터 12단원까지 반복적으로 계속될 것이다.

'감정 포스터'는 첫 단원부터 사용할 수 있도록 미리 준비해야 한다. 포스터를 잘 보관했다가 매주 사용해야 한다. 관심을 끌만한 예술적으로 잘 꾸며진 포스터를 준비하고 싶거나, 특별한 디자인으로 포스터를 만들고자 한다면 그렇게 하는 것도 좋을 것이다. 어떤 디자인으로 만든 '감정 포스터' 이든지 첫 단원부터 12단원까지 계속 사용하여야 한다.

매주의 회기마다 이 책 138쪽에 있는 '학습자 자기평가 점검표' 를 점검해 보게 한다. 학습자 자기평가는 단원 시작하기 전에 인도자가 회원들에게 내용을 제시하면서 점검하도록 해야 한다. 학습자 자기평가 내용을 스스로 점검하는 데에는 시간이 필요하다는 것도 명심해야 한다.

단원의 진행

가장 표준적인 단원의 진행은 다음의 과정을 포함한다. 도착, 인원의 점검, 제시된 질문에 따른 토론, 감정의 점검, 끝맺음을 위한 기도

여기서는 여러분이 사용할 수 있는 두 가지 형태의 단원 진행방법을 소개하고자 한다. 첫 번째는 오직 이야기 나눔만(sharing-only)을 중심으로 진행하는 방법이다. 이 방법을 사용할 때에 여러분은 자기 점검 과정으로부터 시작하게 될 것이다. 자기점검은 이 책 138쪽에 있는 다섯 가지 항목으로 구성되어 있는 '학습자 자기평가 점검표'를 활용해서 할 수 있다. 그 이상의 도움이 필요할 경우, 하나 혹은 그 이상의 점검을 위한 질문들이 이 책 69쪽 '첫 번째 회기를 위한 토론 질문들'에 제시되어 있다.

두 번째는 토론과 질문(discussion-question) 형태의 진행방법이다. 이것은 회원 중에 함께 다루어야 할 문제가 있는가를 점검하는 것으로 시작한다. 그 다음에 '단원의 진행' 뒷부분에 있는 '토론을 위한 질문' 을 사용하여 서로의 생각을 나누도록 인도한다.

정상적인 끝맺음 시간 전에 15분에서 30분간 감정을 점검하는 시간을 갖는 것을 잊지 말아야 한다. 이것은 마감시간이 다가오면 느슨해지는 분위기를 다시 긴장시켜 주며 기도로 끝맺을 수

있는 충분한 시간을 제공해 줄 것이다.

단원을 진행하는 동안 주님께서 끝내도록 감동시키고, 또 어떤 회원을 위하여 함께 기도하도록 감동시키시는 순간에 주목하라. 하나님은 다른 회원들을 통하여 불안을 느끼는 회원에게 안전감과 도전을 주고, 또 격려하도록 역사하실 것이다. 이것이 여러분의 그룹이 그리스도 중심으로 계속 유지되도록 하는 실제적인 방법이다.

단원을 끝낸 후(끝맺음)

'인도자 자기평가 점검표'는 단원을 진행한 것을 평가하고 다음 단원을 준비하는 것을 돕도록 계획되어 있다. 각각의 점검항목들을 완결했다면 점검란에 표시하라. 이 책 139쪽에 있는 '그룹진행일지'를 참고로 하여 매 주간 진행 일지를 쓰는 것을 빠뜨리지 말라. 그것은 여러분이 인도자로서의 기술을 쌓아가는 데 유용한 도구이며, 그룹에서 회원들을 위하여 기도할 때 그들의 욕구가 무엇이며 회복과정이 어떠한가를 기억하도록 도와준다. 또한 예비 그룹 인도자를 만나 매주의 과정을 평가하도록 하라. 예비 그룹 인도자는 여러분이 각 단원을 어떻게 진행했는지에 대해서 좀 더 객관적으로 평가할 수 있도록 도와줄 것이다.

주님께서 여러분을 통하여 놀라운 방법으로 회원들의 고통스러운 기억들을 치료하실 것이다. 인도자로서 여러분은 다음을 기억하라. "나는 할 수 없다. 하나님이 하신다. 나는 모든 것을 하나님께서 하시도록 맡길 것이다." 하나님께서 역사하실 때, 하나님께 영광과 존귀를 돌리라!

제2장 단원별 지도안

제1단원
자존감의 발견

금주의 학습 목표

각각의 회원들은 다른 회원들과 점점 친밀하게 될 것이며, 회원으로서의 경험을 통해서 공통적인 문제들이 무엇인지를 깨달아가게 될 것이다.

(번역자 설명: 학습자용 교재를 참고하라. 금주의 학습 목표는 각 단원을 공부한 후에 예측되는 결과를 말해 준다. 회원들 각자의 수준에 맞는 회복속도를 유지하도록 해야 한다는 것을 명심하라. 목표를 성취하지 못하였다고 하여서 낙심하지 않도록 하라. 회원들의 욕구를 잘 이해하고 있어야 하며, 그렇게 할 수 있도록 하나님의 인도하심에 따르라. 하나님께서 회원들에게 원하시는 것이 그룹의 목표보다 우선하는 것이다. 정규적으로 그룹이 잘 진행되도록 인도해 달라고 기도하라.)

예상되는 일

그룹의 첫 번째 회기는 앞으로 전개될 그룹의 분위기를 좌우하게 될 것이다. 첫 번째 회기에 "우리는 말하기 어려운 경험들을 말하기 위해서 모였지만, 바로 지금 그것에 대해서 말하려고 한다"는 메시지를 서로 나누며 소통할 수 있어야만 한다. 당신은 그룹에 참여한 어떤 사람은 전에 한 번도 나누어보지 않은 경험들을 나누게 될 것이라는 사실을 예상할 수 있어야 한다. 당신은 이러한 것을 나누는 과정에서 강한 정서적인 감정 표현이 일어날 수 있다는 것을 예상할 수 있다.

그룹에서 나눔의 시간이 시작되기 전에 두려움과 염려를 느낄 수도 있을 것이다. 이것은 그룹에 참여한 대부분의 사람들을 위한 거대한 첫걸음이라는 것을 기억하라. 역기능가정에서 성장한 사람들은 절대로 말하지 말라는 규칙 아래 살아왔다. 이러한 사람들은 그룹이 그 규칙을 깨뜨리려는 것을 만나게 되면 두려움을 느낀다. 첫 번째 회기는 이후에 진행되는 회기들보다 더

긴 시간을 필요로 할 것이다. 그 이유는 각자가 지금까지 살아온 삶의 역사를 말할 수 있는 시간이 필요하기 때문이다.

(번역자 설명: 매주 각 단원을 통하여 무엇이 예상되는지를 설명하였다. 회원들은 학습자용 교재를 매일 공부해 가면서 새로운 경험을 하게 될 것이다. 학습자가 기대할 수 있는 내용을 설명하는 문장은 각 단원을 진행해 가면서 예상되는 경험들을 예시해 주고 있는 것이다.)

적용될 기초 기술

(번역자 설명: '얼굴과 얼굴을 마주 대하는' 지원그룹 인도자는 이미 인도자로서의 기본 기술을 습득한 사람이라는 것을 전제하고 있다. 그러나 이 교재는 매 주일 각 단원을 진행해가면서 계속 진행 기술을 발전시켜 가도록 계획되었다.)

첫 번째 회기를 시작하기 전에 이 책 40쪽 '그룹 인도자가 갖추어야 할 기초 기술' 부분을 다시 읽어 보라. 그리고 아래의 내용들에 대해서 특별히 주목하고, 각각 그 내용을 잘 이해하고 숙지했는지 점검하고 네모칸에 √표 하라.

□ 1. 지도력을 잃지 않으면서도 개인적으로는 한 회원으로서의 역할을 할 수 있어야 한다

첫 번째 회기가 진행되는 동안 보여진 당신의 태도와 참여도는 첫 번째 회기와 이후의 회기에서 다른 회원들이 자신들의 이야기를 나누기 위한 분위기를 좌우하게 될 것이다. 첫 번째 회기가 진행되는 동안 각 회원은 학습자 교재 첫 번째 단원의 제5일 끝에 있는 네 가지 질문들에 대한 자신들의 답변이 무엇인지 대답하도록 요청받을 것이다. 인도자의 반응을 먼저 이야기하는 것으로 시작하게 될 것이다. 정직하고 감정이 담겨 있는 인도자의 나눔은 다른 회원들에게 하나의 예가 될 것이다. 당신이 나누고 있을 때 감정이 드러나게 될 것이다. 그것에 대해서 걱정하지 말라. 당신은 다른 회원들이 그룹 안에서 하길 원하는 것에 대한 모델을 보여주고 있는 것이다. 물론 당신은 스스로 아무런 느낌도 없는 데도 정서적인 반응을 하길 원하지 않을 것이다. 있는 그대로 당신의 모습을 보여 주어라. 그러나 조심해야 할 것은 당신이 받은 상처나 아픈 경험들에 대해서 나누려고 해야 한다는 것이다.

□ 2. 상대방에게 수용하고 있다는 것과 관심을 가지고 있다는 것을 알게 해야 한다

회원들은 첫 번째 회기가 진행되는 동안 아픈 진실들을 나누게 될 것이다. 어떤 사람은

간간히 말했거나 혹은 전혀 말해보지 않은 것에 대해서도 솔직하게 털어놓고 말하게 될 것이다. 그들은 두려움을 느낄 것이며, 매우 상처받기 쉬운 상태가 될 것이다. 인도자의 태도와 행동들은 그러한 사람을 수용하고 관심을 보여주는 분위기를 조성하게 될 것이다. 어떤 회원이 말하다가 우느라고 말하는 것을 멈추게 되면 "나는 당신을 지지합니다. 울어도 괜찮습니다. 이곳은 당신의 이야기를 나누기에 안전한 곳입니다."라고 말해 주어라. 어떤 회원들은 자신이 나눈 이야기에 대해서 심한 수치심을 느끼기도 할 것이다. 어떤 사람은 이 그룹에 속해 있다는 것 자체를 수치스럽게 느낄 수도 있다. 그러한 사람들은 열려진 자세로 사랑의 태도를 그들에게 보여줄 수 있어야 하고, 수용 받고 있다는 느낌을 갖게 해 주어야 한다.

□ 3. 그룹이 안전하다는 느낌을 만들어주어야 한다

그룹 안에서 일어나는 모든 일들에 대해서는 비밀이 지켜진다는 것을 상기시켜 주어라. 비밀을 유지한 것에 대해서 인도자의 확고한 신념과 자세를 보여주어야 한다. 인도자가 상담사로서 감독 받을 경우에는 그룹에서 드러난 문제들에 대해서 필요한 때에 지도감독을 받아야 한다는 사실에 대해서 말해주어야 한다. 그러한 경우에도 인도자의 감독자 역시 비밀을 지킬 것이라는 사실을 확실히 말해 주어야 한다.

당신이 그룹을 인도하는 방법을 통해서 확신을 심어주어야 한다. 당신은 그룹의 인도자로서의 지도력을 유지하면서 당신 자신의 정서적인 고통에 대해서 열어 보일 수 있어야 한다.

첫 번째 회기를 시작할 때 방문이 다 닫혀 있는지를 반드시 확인해야 한다. 방문 밖에는 '모임 중'(모임이 진행되고 있습니다)이라는 팻말을 붙여서 방해받지 않도록 할 필요가 있다.

그룹에는 반드시 기독교인만 참여해야 하는 것이 아니라는 사실을 회원들에게 설명해 주어라. 그러나 회원들의 정서적인 문제들을 해결하는 데 있어서 예수 그리스도의 능력의 도움을 의지한다는 것에 대해서 설명해 주어라. 기독교인이 아닌 회원이 있을 경우, 그는 당신의 신앙을 강요받을까 하여 두려움을 갖고 있을 것이다. 그러한 경우 당신의 설명은 그들의 두려움을 경감시켜줄 것이다. 신앙이 없는 회원들은 종종 지원그룹의 순수한 사랑의 분위기를 경험함으로써 예수 그리스도를 믿게 되기도 한다.

□ 4. 회원들이 감정에 충실하도록 해 주어야 한다

만일 '얼굴과 얼굴을 마주 대하는' 지원그룹이 역기능가정의 문제들에 대한 지적인 토론의 결과만을 얻게 될 경우 그것은 아무런 도움이 될 수 없을 것이다. 그룹의 첫 번째 목표는 회원들이 자신들의 감정들을 다루기 위한 도움을 받는 것이다. 첫 번째 회기는 이후의 다른 회기의 모델이 된다. 첫 번째 회기에서 감정의 수준을 잘 다루는 것이 필요하다. 항상 이것은 속에 깊숙이 감추어져 있던 어린 시절에 경험한 정서적인 상처의 고통을 드러낼 때 자연스럽게 일어난다. 다시 말하지만, 열쇠는 당신이 가지고 있다. 당신 자신의 이야기를 어떻게 나누느냐에 따라서 그룹의 감정 수준과 분위기가 결정되는 것이다.

단원을 시작하기 전에

(번역자 설명: 이 책에는 각 단원을 시작하기 전에 점검해야 할 사항들이 제시되어 있다. 각각의 내용을 면밀히 검토하여 내용들을 숙지하여야 한다. 각 단원을 시작할 때에는 준비된 '감정 포스터'를 사용하는 것이 좋다. 가능하다면 멋있게 디자인하여 사용하면 좋을 것이다.)

□ 한 방을 여러 단체나 그룹이 사용하고 있을 경우에는 그룹 모임 시간에 그 방을 사용할 수 있는지를 점검해 보아야 한다.
□ 어린이들을 돌보아줄 봉사자를 확보하고, 그에게 그룹이 끝날 때까지 아이들을 잘 돌보아 주도록 요청하여야 한다.
□ 그룹이 진행되는 동안 다른 사람이 방에 들어오지 못하도록 조처해야 한다. 방문에는 모임이 진행 중임을 표시해야 한다.
□ 냉난방 장치에 이상이 없는지 잘 점검해 두어야 한다.
□ 방은 깨끗이 정돈되어 있어야 하고, 의자는 둥글게 배치되어 있어야 한다.
□ 혹시 우는 사람들이 있을 것을 대비하여 눈물을 닦을 수 있는 휴지가 준비되어 있어야 한다.
□ 필기도구가 준비되어 있어야 한다.
□ 이름표가 준비되어 있어야 한다. 이름표는 다양하게 만들어 사용할 수 있으며, 그 예는 부록에 실려 있다.
□ '감정 포스터'가 준비되어 있어야 한다. '감정 포스터'의 감정 목록은 아래와 같으며, '감정 포스터'의 예는 이 책 부록에 실려 있다.

감정 목록

분노 두려움 죄책감 즐거움 외로움 슬픔 수치심 기타 감정들

□ 이 책 부록에 있는 확신의 말(금주의 확신)이 적힌 카드가 준비되어 있어야 한다.(첫 회기에 코팅하여 나누어 주도록 하며, 매주 모임마다 지참해야 한다고 알려주어라.)

단원의 진행

(번역자 설명: 가장 표준적인 그룹 진행은 다음과 같은 순서로 진행된다. 도착했을 때 할 일, 점검, 토론과 질문, 감정의 점검, 마감기도)

점검을 위해서는 다음 점검표를 사용하면 된다. 점검내용은 인도자의 필요에 따라 추가될 수도 있다.

1. **도착**: 회원들이 도착하면 반갑게 맞이하라. 확신의 말(금주의 확신)이 적힌 카드를 나누어 주어라.

2. **이름표**: 이름표를 나누어 주어라.

3. **학습내용을 시작함**: 진행 스케줄에 따라 학습내용을 진행하라.

4. **서약내용의 확인**: 서약내용을 다시 확인하라. 그리고 비밀을 지킬 것을 다시 한 번 강조하라.

5. **이야기 나눔/토론을 위한 질문**: 단순히 나눔을 중심으로 하는 형식이든지 혹은 토론 형식이든지 첫 번째 회기를 진행하는 동안의 형식은 동일할 것이다. 회원은 학습자용 교재 43쪽에 있는 네 가지 질문들에 대해서 답변을 하도록 요청을 받게 될 것이다.

그 질문들은 다음과 같다.

첫 번째 회기를 위한 토론 질문들

- 당신은 역기능가정에서 자랐습니까? 왜 당신의 가정이 역기능적이었다고 생각합니까?
- 당신은 왜 이 그룹에 참여하고 있습니까? 당신이 여기에 올 수밖에 없었던 삶의 문제는 무엇입니까?
- 역기능가정에서 성장하는 것이 어떤 느낌인지 우리가 이해하는 데 도움이 될 만한 사건에 대해 말해 보십시오. 그것은 상처나 모멸감 또는 공포일 수도 있습니다.
- 이 그룹을 통하여 성취하기 원하는 목표는 무엇입니까?

이야기를 나누기 전에 회원들이 말하는 것을 노트에 적을 것이라는 사실을 알려주어야 한다. 이것은 그룹 인도자로서 마땅히 해야 할 역할이며 임무라는 사실을 회원들에게 말해 주어라. 그룹이 진행되는 동안 다른 회원들은 손에 다른 책 혹은 노트 등과 같은 것들을 가지고 있지 않도록 요청하라.

인도자인 당신이 먼저 각 질문들에 대한 답을 나누어라. 네 가지 질문들에 대해서 인도자로서의 역할로 이야기하지 말고 당신 자신의 개인적인 경험들을 나누어라. 당신의 이야기를 나눈 후에 어떤 사람이든지 먼저 자신의 이야기를 나누고 싶은 사람에게 말하도록 하라. 흔히 하듯이 돌아가면서 순서대로 이야기를 나누지 않도록 하라. 먼저 나누고 싶은 사람 혹은 이야기를 나눌 준비가 되어 있는 사람에게 말할 기회를 먼저 주어라.

회원이 나눌 때 적절한 노트에 기록을 하라. 이후의 회기에서는 절대로 기록해서는 안된다. 오직 첫 번째 회기에서만 회원들이 말한 것을 기록해야 한다. 그 이유는 첫 번째 회기에서 말한 내용은 이후의 회기들을 통해서 해결하고자 하는 것들의 기초가 되기 때문이다. 특히 이 그룹에 참여한 참여 동기와 성취하고자 하는 회원의 목표를 잘 파악해서 기록해야 한다. 이러한 당신의 기록은 각 회원의 이야기를 마지막 회기까지 상세하게 기억할 수 있도록 도움을 줄 것이다. 가능한 회원이 말하는 것을 멈추게 하지 않고 기록할 수 있도록 하라. 어떤 사람이 말하고 있는 동안 그것을 들으면서 적는다는 것은 어려운 일이다. 그러나 기록하는 동안에도 좋은 경청자가 되려고 해야 한다.

다음은 첫 번째 회기를 어떻게 시작하는지에 대한 예이다.

나는 회원들에게 먼저 나의 이름을 말해 주는 것으로부터 시작한다. 그들은 아마도 이미 인도자인 내 이름을 알고 있을 것이다. 그러나 회원들이 하기를 원하는 바대로 내가 먼저 시범을 보이는 것이다.

나는 회원들에게 내가 역기능가정에서 성장했다는 사실에 대해서 말해 준다. 내 가정은 알코올 중독자인 아버지에게 초점이 맞춰진 역기능가정이었다. 아버지는 내가 십 대 일 때 술을 끊었고, 그때로부터 많은 긍정적인 변화가 있었다. 그러나 우리 가정은 계속해서 많은 역기능가정의 패턴들에 의해서 조종 당하고 있었다. 우리 가정은 외부 세계에 대해서 폐쇄적인 가정이었다. 우리는 정서적인 문제나 관계적인 문제를 적절한 방법으로 해결하는 방법을 전혀 알지 못했다. 나는 회원들에게 내가 이 그룹에 참여한 것은 그룹을 인도하기 위한 책임 때문만은 아니라고 말했다. 내가 이 그룹에 참여한 것은 내 아버지가 알코올 중독자였기 때문이며, 그의 알코올 중독이 내 삶에 끼친 부정적인 영향들을 발견했기 때문이다. 나는 지원그룹에 처음 참여했을 때에 대해서 설명을 했다. 그 때 나는 불안과 엄습하는 공포를 해결하기 위한 도움이 절실히 필요했었다.

나는 이어서 어린 시절 경험했던 한 가지 사건을 이야기한다.

내가 11살이었을 때였다. 아버지는 집에 돌아오지 않으셨다. 우리는 아버지가 어디에 계시는지 알 수 없었다. 7살 된 내 여동생과 나는 어머니와 함께 침대에 누워 있었다. 우리는 모두 두려워 떨었다. 우리는 아버지를 사랑했다. 그러나 동시에 아버지를 두려워했다. 그러다가 어렴풋이 잠이 들었다. 나는 한밤중에 잠에서 깨었다. 나는 다른 소리 때문에 잠이 깨었는지 아니면 어머니가 말한 것 때문에 잠이 깨었는지 정확하게 기억하지는 못한다. 그 소리는 아버지가 침실 바닥에 오줌을 누는 소리였다. 아버지는 술에 취해 있었고 자신이 어디에 있는지 전혀 알아차리지 못했다. 어머니는 아버지에게 무엇이라고 말했다. 어머니의 목소리에는 분노와 고통이 담겨 있었다. (나는 이 사건에 대해서 말할 때 매우 고통스러워하며 말했다. 그것은 아직도 나에게는 상처이며, 그것에 대해서 말하는 것 자체가 상처가 되었다.)

마지막으로 나는 이 그룹에서 일어나기를 원하는 것에 대해서 말한다. 예를 들면, 다른 사람에 의해서 나의 행복이나 혹은 불행이 결정되지 않고, 앞으로 내가 행복하다는 느낌을 얻게 되리라는 소망에 대해서 나누어야만 한다는 것을 강조하는 것이다.

위의 내용을 말한 후에 나는 말하는 것을 멈춘다. 나는 회원들에게 첫 번째 회기를 위한 네 가지 토론 질문에 대해서 자원해서 자신의 이야기를 하도록 요청한다. 혹은 내 이야기를 들으면서 감정을 나타내는 사람이 있을 경우 나는 그 사람에게 "당신의 이야기를 나눌 준비가 되었나요?"라고 말할 것이다. 어린 시절의 고통에 대해서 간단한 사건을 나눔으로써 감정을 풀어낼 준비가 되어 있는 사람은 아직 자신들의 감정을 다루는 것에 대해서 준비가 되어 있지 않는 다른 회원들에게 큰 도움을 주게 될 것이다.

한 사람이 자신의 이야기를 하기 시작하면 차차 다른 사람들이 차례로 자신들의 이야기를 말하기 시작하게 된다. 회원들은 각각 다른 감정의 수준을 나타낼 것이다. 각각의 그룹에서 나누어지는 감정 수준 역시 다르다. 어떤 그룹에서는 가슴을 도려내는 듯한 격한 사건을 이야기할 경우 대부분의 다른 회원들은 심한 충격을 받게 된다. 그들은 대부분이 자신들의 삶에서 많은 상처를 받았다. 그들은 그 사실을 비밀로 감춰왔다. 그들은 더 이상 그 고통을 마음속에 감추어두지 않아도 된다. 어떤 그룹에서는 첫 번째 회기에서 이러한 극적인 감정의 표현이 나타나지 않을 수도 있다. 첫 번째 회기가 비록 차분하다 하더라도 당신은 여전히 그 그룹에서 일어나고 있는 정서적인 긴장을 느낄 수 있을 것이다.

각각의 사람들이 자신들의 이야기를 나누는데 얼마나 많은 시간이 필요한지에 대해서 평가하라. 절대로 사람들을 다그치지 말라. 그러나 어떤 회원이 너무 많은 시간을 빼앗는 경우가 생길 경우 조심스럽게 결론을 말할 수 있도록 이끌어 주어야 한다.

6. **감정의 점검**: 회원들이 자신의 이야기를 나눈 후에 그것에 대해서 회원들을 칭찬해주어라. 당신에게 시간이 있다면 감정을 체크하도록 인도해 주어라. '감정 포스터'를 보여주면서 자신들이 느끼는 감정이 어떤 감정인지 지금 현재 경험하고 있는 감정에 대해서 말하도록 도와주어라.

회원들에게 다음 주 있을 회기에 참여하는 것에 대해 두려움을 느끼는 사람이 있을 수 있다는 것에 대해서 말해 주어라. 그것은 역기능가정의 규칙 중 '말하지 말라'는 규칙을 깨뜨렸기 때문이라는 사실에 대해서 상기시켜 주어라. 그러한 사람이 있을 경우 그룹 과정에 계속해서 참여하도록 격려하면서 치유에 대한 기대를 갖도록 도와주어라.

회원들이 서로 전화를 해도 된다고 허락한 경우에 한해서 회원들의 전화번호가 담긴 그룹 명부 사본을 나누어 주어라. 전화번호가 있는 그룹 명부는 반드시 인도자인 당신도 가지고 있어야만 한다. 서로를 격려하고 지지하기 위해서 회원들이 서로 전화를 할 수 있도록 격려해 주어라. 회원들에게 주중에 질문할 것이 있거나 혹은 궁금한 것이 있을 경우 당신에게 전화할 수 있다는 것에 대해서 알게 하라. 다음 회기를 위해서 제2단원의 5일간의 과제를 반드시 공부해 와야 한다는 것을 상기시켜 주어라.

7. **마감기도**: 회원들에게 모두 일어나서 서로 손을 잡도록 하라. 각 회원들에게 그룹에서 경험한 것에 대해서 하나님께 감사의 기도를 하거나 혹은 그날 그룹에서 다루고자 했던 문제들에 대해서 하나님께 도움을 구하는 기도를 하도록 초청하라. 각각의 사람들은 다른 사람을 위해서거나 혹은 그룹 밖에 있는 사람을 위해서가 아니라 자신을 위해 기도하도록 해야 한다.

끝맺음

- ㅁ 이름표를 거둔다.
- ㅁ 출석을 점검한다.

  대부분의 경우 첫 번째 회기를 진행하는 동안에 친밀한 결속이 일어나기 때문에 첫 번째 회기에 결석한 회원이 생겼을 경우, 그것이 특별한 사정이 있는 것이 아니라면 그 회원은 다음에 모집되는 그룹에 참여할 수 있도록 조정하는 것이 좋을 수 있다. 왜냐하면 첫 회기를 빠지고 두번째 회기부터 참여한 회원은 그만큼 어색함과 소외감을 느낄 수 있기 때문이다.
- ㅁ 그룹을 진행하면서 메모한 내용들을 점검한다. 각 회원들을 위해 기도한다. 메모한 내용은 회원들이 회복을 위한 기도와 점검을 위해 잘 보관한다.
- ㅁ 어떤 사람이 서약서에 서명을 했으나 첫 번째 회기에 참여하지 않은 사람이 있을 경우 연락을 취한다.
- ㅁ 그룹을 인도하는 동안 매주마다 그룹진행일지를 쓴다. 그리고 그룹을 진행하면서 경험된 것과 느낀 감정들이 무엇인지에 대해서 기록한다. 첫 번째 회기를 진행하면서 느낀 당신의 감정은 무엇인가? 현재까지 질문에 답을 하지 못한 질문들은 어떤 것이 있는가? 등등에 대해서 기록한다.
- ㅁ 이 단원과 관련된 인도자로서의 자세와 기술을 점검한다. 인도자로서 당신의 기술을 발전시키기 위해서 아래의 질문들에 대해서 체크를 해 보아야 한다. 그룹진행일지를 쓰고 있다면

자세하게 다음 질문에 대하여 점검한 내용들을 기록하라.

• 지도력을 잃지 않으면서도 개인적으로는 한 회원으로서의 역할을 했는가? 어떻게 하였는가?
• 상대방에게 자신이 수용 받고 있다는 것과 관심을 가지고 있다는 것을 알게 했는가?
• 어떻게 해서 그룹이 안전하다는 느낌을 만들어 주었는가?
• 그룹이 감정의 수준을 잘 조절할 수 있도록 했는가? 그룹이 감정의 수준을 잘 조절했다는 것을 나타내는 것은 무엇인가?

□ 첫 번째 회기의 진행에 대해서 자문해 줄 수 있는 사람이 있다면, 진행된 그룹 과정에 대해서 설명하고 자문을 구하라.

□ 다음 단원을 준비하라.

□ 이 주간에 회원들에게 참여를 독려하기 위해서 전화하라. 만일 계속 참여하기를 주저하는 회원을 발견했을 경우 치유를 경험할 수 있도록 그룹에 계속 참여하도록 격려해 주어라.

제2단원
충동적 행동의 인식

금주의 학습목표

그룹이 진행되는 동안 회원들은 서로에게 피드백을 함으로써 다른 회원들을 도와줄 수 있게 될 것이다.

예상되는 일

어떤 회원들은 제1단원을 통하여 자신에 관하여 너무 많은 것을 말했다는 생각에 놀라움과 당혹감을 느낄 것이다. 어떤 회원들은 그룹이 자신에게 위험하다고 생각하여 참여하는 것을 그만두려는 생각을 할 것이다. 그들은 자신들의 문제를 부정하는 환경 속에서 살아왔기 때문에 마음을 여는 것이 쉽지 않을 것이다. 비밀을 감추는 것에 익숙했던 사람들은 가족의 고통에 대해서 공개적으로 말해야 한다는 것에 대하여 당혹감을 느낄 것이다. 여러분은 몇몇의 회원들이 지난주에 너무 많은 이야기를 했다는 느낌을 가질 것을 예상할 수 있다. 그들은 그룹이 앞으로 어떻게 진행될 것인지에 대해서 알지 못하기 때문에 궁금해 할 것이다.

너무 많이 말을 하지 않는가 하는 의문을 가진 회원들일지라도 그룹에 대해서 '결국 나의 고통에 대해서 말할 수 있는 장소를 발견했다. 나는 희망을 느끼기 때문에 좋게 느낀다. 이곳이 안전한 장소가 될 것이라고 생각하기 시작했다.'는 긍정적인 느낌을 나누게 될 것이다.

회원들 중 몇몇은 처음부터 자신들이 역기능가정 출신이라는 것을 인정할 수 있을 것이다. 그러한 회원들은 또다른 한편으로 슬픔을 느낄 것이다. 그 슬픔은 자신의 가족에 대한 이상화된 관점을 버리기 시작했다는 표시이다. 그럴 경우에는 자기 가정에 대하여 몇 가지 조정(調整)이 필요할 것이다.

적용될 기초 기술

이 주간에는 그룹 인도자가 갖추어야 할 기초 기술 중에 세 가지 기술이 필요하다. 다음을 점검하라.

□ 1. 회원들이 각각 다른 회원들을 돕도록 가르쳐야 한다. 회원들에게 다음의 규칙들을 상기시켜 주어라.

- 어떤 회원이 갈등을 보이고 있을 경우에는 "나는 당신을 지지합니다."라고 말해준다. 회원들은 이 말을 언제든지 할 수 있다. 그러나 인도자가 회원들이 서로 이러한 피드백을 하게 하려고 일부러 실마리를 만들어줄 필요는 없다.
- 어떤 회원이 이야기를 나눈 후, 피드백을 하려고 할 것이다. 그러할 때에 그 이야기를 듣고 당신의 생각보다 당신이 느끼는 감정이 무엇인지에 대해서 주목하라. 다른 회원이 나눈 이야기를 듣고 있을 때 당신이 느끼는 감정은 무엇인가? 당신이 느끼는 감정은 이야기를 나눈 회원의 감정의 정체를 깨닫게 하는데 도움을 주게 될 것이다. 인도자가 피드백을 요청하지 않았을 때 다른 회원이 피드백을 하기 원하는 경우에는 "내가 피드백을 해도 될까요?"라고 요청하게 하라. 인도자의 허락을 받은 사람이 피드백을 하고 인도자는 계속 그룹을 진행한다.
- 당신이 어떻게 말할 것인지에 대해서 생각하라. 예를 들면, "당신은 이 그룹에 참여하고 있는 것을 매우 두려워하고 있는 것이 분명해 보입니다."라고 말하기보다는 "나는 오늘 당신이 이 그룹에 참여하면서 약간의 두려움을 경험하고 있다고 느낍니다."라고 말해야 한다.
- 당신 옆에 앉아 있는 회원이 갈등을 하고 있다면 관심을 보여라. 예를 들면, 그 사람의 어깨에 당신의 손을 부드럽게 올려놓는 행동 같은 것이다.(이 경우 이성일 때에는 조심해야 한다.)
- 인도자로서 당신은 그룹을 잘 인도해야 한다는 것을 상기하라. 회원들은 당신이 하는 행동과 말을 통해서 자신들의 문제를 해결할 수 있는 실마리를 얻게 된다. 동시에 회원들은 서로를 도와주고자 하는 의욕을 가질 수 있게 되는 것이다.

□ 2. 피드백을 유도할 줄 알아야 한다.

□ 3. 회원들의 감정의 정체가 무엇인지를 알 수 있도록 도와주어야 한다.

단원을 시작하기 전에

- ㅁ 결석자가 있을 경우 전화를 해서 제2단원 시간에 참석하기를 원한다는 사실을 알게 해야 한다.
- ㅁ 지난 주 제1단원을 진행하는 동안 회원들의 반응을 적어둔 노트를 다시 점검해 보라. 그리고 각 회원들을 위하여 기도하라.
- ㅁ 모임 장소의 환경을 점검하라. 모임 장소가 청결한가를 점검하라. 참가인원과 같은 수의 의자를 원형으로 정렬해 놓으라. 실내온도가 쾌적한가를 점검하라. 눈물을 흘리는 회원들을 위한 휴지를 준비하라. 이러한 모임 장소의 점검은 매주 되풀이 되어야 한다.
- ㅁ 제1단원에서 준비한 '감정 포스터'를 눈에 잘 띠도록 게시해 놓으라.
- ㅁ 토론과 질문 형태의 진행방법을 사용할 경우에는 칠판이나 포스터 보드에 토론할 질문사항들을 미리 적어놓으라.
- ㅁ 학습자 자기평가 점검표를 다시 살펴보라.

단원의 진행

1. **도착:** 회원들이 도착하면 환영하고, 이름표를 나눠주고, 정시에 시작하라.

2. **점검:** 회원들이 아래 항목에 따라 점검해 보게 하는 것으로 시작한다.

- 지난 단원에 대한 각 회원의 정서적인 반응은 무엇인가?
- 현재 나의 감정은 분노, 두려움, 죄책감, 즐거움, 외로움, 슬픔, 수치심 중 어느 것인가?
- 그룹에 대한 느낌은 어떤가?
- 지금 즉시 다루어야 할 자신을 억압하고 있는 정서적인 고통이나 영적인 고통이 있는가?
- 이 주간에 공부한 교재에 대한 나의 처음 반응은 무엇인가?

"오늘 자신을 억압하고 있는 문제를 다른 회원과 나누고 싶은 분이나, 혹은 다른 회원과 나누고 싶은 문제가 있는 분이 있습니까?" 혹은 "지난 단원을 공부한 결과 지난 주간 동안 여러분의 삶 속에 어떤 일이 일어났습니까?"라는 질문으로 시작한다.

첫 번째 나누어진 문제들은 다른 회원들이 또 다른 문제를 이야기할 수 있도록 이끌어 준다. 회원들이 자신들의 문제를 말할 때에 인도자인 여러분은 그룹 전체가 그들에게 반응하도록 이끌 수 있다.

그룹이 잘 진행해 가도록 하는 중요한 원리 중의 하나는 한 회원이 자신의 문제를 나눈 후에 다른 회원들에게 "당신은 어떻게 느낍니까?"라고 묻는 것이다. '감정 포스터'를 이용하여 회원들이 자신의 감정을 파악할 수 있도록 도와주어야 한다. 자신의 감정을 잘 파악하지 못할 경우에는 다시 묻고, 그래도 파악하지 못할 경우에는 왜 아무것도 느끼지 못하는가에 대해서 물어야 한다. 그러나 회원들에게 위협적이거나 강압적인 태도여서는 안된다. 어떤 회원이 자신의 감정을 파악하지 못할 경우에는 다른 회원에게 그(녀)가 어떤 감정을 느끼고 있는 것 같으냐고 물음으로써 감추어진 감정을 찾도록 도와줄 수 있다.

지난 주간의 교재 내용이나 진행과정에 대한 의문사항이 있을 수 있다. 어떤 회원은 그룹을 시작하자마자 그러한 문제에 대해서 말해야 할 필요가 있을 것이다. 그러할 경우 점검 과정 중에 다음과 같은 질문들을 사용하는 것을 고려하라.

두 번째 주간을 위한 자기점검

- 여러분 중에 그룹에 다시 참여하지 않으려고 생각했던 사람이 있습니까? 이유가 무엇입니까?
- 제1단원을 진행한 후에 여러분의 감정은 무엇입니까? '감정 포스터'를 이용하여 말해 보십시오.
- 여러분이 역기능가정에서 성장했는지 아닌지에 대하여 해당하는 질문사항이 있습니까? 있다면 어떤 질문입니까?

3. **토론과 질문 형태의 진행방법**: 토론과 질문 형태의 진행방법을 사용할 경우 아래의 질문사항들에 대한 토론을 위하여 시간을 점검하고 말하는 시간을 정해줘라. 다음의 질문들을 사용할 것인지를 고려해 보라.

두 번째 주간을 위한 토론 질문들

- 당신은 충동적인 행동을 하고 있습니까? 어떤 식으로 충동적인 행동을 하고 있습니까?
- 당신은 어떤 감정들이 충동적인 행동을 하게 하는지 알 수 있습니까? 그렇다면 설명해 보십시오.
- 당신이 어렸을 때 자라온 가정이 통제할 수 없는 상태였습니까? 그렇다면 무엇이 통제할 수 없다고 느끼도록 했는지 설명해 보십시오.
- 당신은 통제할 필요가 있다고 생각하십니까? 그렇다면 무엇을 통제하려고 합니까?
- 당신은 하나님이나 다른 사람과의 관계에 해를 끼치는 충동적이거나 중독적인 행동을 가지고 있습니까? 설명해 보십시오.
- 당신은 당신 스스로를 지치게 만드는 충동적인 행동을 가지고 있습니까? 설명해 보십시오.

회원들이 위의 질문들에 대하여 반응할 때에 감정 수준을 잘 조절할 수 있도록 해야 한다. "당신에게 어떤 느낌을 줍니까?"라는 질문을 사용하라. 회원들에게 '감정 포스터'에 있는 감정 목록 중의 하나를 사용하여 대답하도록 요청하라.

4. **감정의 점검**: 단원을 마치기 전에 15분에서 30분간 감정을 점검할 시간을 가져라. '감정 포스터'를 이용하여 회원들이 현재 어떤 감정을 느끼고 있는가를 질문하라. 다음 제3단원을 시작하기 전에 5일간 매일학습과정을 미리 공부해 오도록 상기시켜라.

5. **마감기도**: 모두 일어나서 서로 손을 잡도록 하라. 그룹에서 일어난 모든 일에 대하여 하나님께 감사하거나 혹은 그룹의 목표가 이루어지도록 하나님의 도움을 요청하는 기도를 하도록 회원들을 초대하라. 각 회원들은 다른 회원이나 혹은 회원이 아닌 밖의 다른 사람이 아니라 자신을 위해서 기도하여야 한다.

끝맺음

- □ 이름표를 걷어라.
- □ 출석을 체크하라.
- □ 단원에 대한 여러분의 생각과 감정들을 기록한다.
- □ 아래의 질문에 따라 여러분이 적용한 기초 기술을 점검하라. 질문에 대한 답을 노트에 기록하라.
  - 그룹이 진행되는 동안 회원들이 다른 회원을 도울수 있도록 무엇을 가르쳤는가?
  - 그룹이 진행되는 동안 회원들이 서로 돕는 것을 배웠다는 것을 나타내 주는 것은 무엇인가?
  - 그룹에서 피드백을 유도한 경우가 있다면 구체적으로 어떻게 하였는가?
  - 회원들이 서로 피드백하는 것을 배우도록 도와주었는가?
- □ 단원을 잘 진행하였는지 평가하기 위하여 예비 그룹 인도자를 만나서 그의 의견을 들어보라.

제3단원
수치심으로부터의 해방

금주의 학습목표

회원들은 자신의 사고와 행동에 영향을 주는 내적인 수치심의 정체를 파악하고 이해하게 될 것이다.

예상되는 일

수치심은 회원들이 직면해야 할 가장 깊게 뿌리박혀 있는 감정일 것이다. 여러분은 이 주간 모임의 주제가 회원들의 정서적인 갈등의 핵심에 가장 밀접한 문제라는 것을 예상할 수 있다.

회원들은 부정(denial)하는 것에서부터 시작하여 자신들의 가정에 대한 진실을 직면하는 단계로의 여행을 시작하였다. 회원들은 슬픔이나 우울한 감정을 느끼게 될 것이다. 회원들에게 사람들은 누구나 좋게 느끼기 전에 처음에는 불편하게 느낀다는 것을 설명해 주어라. 감추어진 정서적 고통을 부정하는 사람은 누구든지 그것이 드러나기 시작할 때에는 불편하게 느낀다는 것을 설명해 주어라. 그러한 감정은 계속해서 직면해 나갈 경우 좋게 느껴지게 된다는 것을 기대할 수 있을 것이다. 그것은 감추어진 감정은 드러낼 경우 그 힘이 약해지기 때문이다.

슬픔의 또 다른 원인은 비탄(grief, 애통)이다. 가정의 문제를 부정하면서 살아온 회원은 자신의 가정이 정서적인 고통과 혼란으로 가득 차 있었다는 것을 인정하기 시작할 때에 비탄이 밀려오게 될 것이다. 자신이 부정(denial)이라는 것을 통하여 만들었던 가정에 대한 신화를 상실하게 되기 때문이다. 그러한 상실감이 비탄스럽게 한다.

적용될 기초 기술

금주의 단원을 준비하기 위하여 다음의 그룹 인도자가 갖추어야 할 기초 기술을 다시 점검해 보라.

□ 1. 사랑으로 직면하려고 해야 한다(40쪽을 보라).

만일 직면하려고 하지 않을 경우 그룹을 효과적으로 인도할 수 없다는 것을 기억하라. 습관적으로 갈등을 회피하려고 한다면 그룹 인도자로서 효과적이지 못할 것이다.

부정의 징후를 주목하라. 예를 들어, 어떤 회원이 수치심에 관해서 자신은 아무런 문제도 없다고 말한다고 하자. 그러나 이 회원은 이미 진행된 그룹 과정에서 "울어서 미안해요." "내 이야기를 하는데 너무 많은 시간을 빼앗아서 미안해요." 등과 같이 말하면서 변명을 했다. 당신은 이때에 이 회원은 자신이 그룹에 참여하고 있는 것에 대해서 미안한 감정을 느끼고 있다는 것을 감지해야 한다. 기회를 보아서 당신은 "짐, 당신은 우리에게 수치심에 대해서 아무런 문제도 없다고 말씀하셨습니다. 그러나 당신은 전혀 변명하지 않아도 되는 문제에 대해서 변명을 함으로써 수치심을 느끼고 있다는 것을 보여주고 있군요."라고 말해주어야 한다.

그렇게 할 경우 회원은 계속해서 부정하는 것으로 반응할 수도 있다. 만일 그럴 경우 당신은 그에게 "다른 회원으로 하여금 당신에 대해서 피드백 하도록 해도 괜찮을까요?" 라고 요청할 수 있다. 그것을 허락할 경우 다른 회원으로 하여금 그에게서 수치심을 느끼는지 혹은 아닌지에 대해서 말하도록 요청하라. 만일 그에 대해서 또다시 반응하기를 원한다면 그렇게 하도록 요청하라.

이런 과정이 진행되면 아마도 그는 다른 사람의 말을 듣기 시작할 것이다. 그렇게 하면 당신은 그의 수치심의 원인에 대해서 효과적으로 더 깊이 탐구해 들어갈 수 있도록 돕게 될 것이다.

□ 2. 회원들의 과거와 현재를 연결할 수 있도록 도와주어야 한다(45쪽을 보라).

□ 3. 그룹의 감정 수준을 조절할 줄 알아야 한다(47쪽을 보라).

그룹에서 감정이 격렬하게 표현될 수 있다는 것을 기억하라. 어떤 회원이 울기 시작하면 충분히 울 수 있는 시간을 주어라. 주제를 바꾸지 말라. 대화나 이야기하던 것을 다른 회원에게로 바꾸지 말라. "괜찮아요, 울지 마세요."라고 말하지 말라. 잠시 울게 그대로 두어라. "울어도 괜찮습니다. 당신의 감정에 충실하는 것은 괜찮은 겁니다. 이곳은 울어도 안전한 곳입니다."라고 말해 주어라. 어떤 회원이 울 때에 다른 회원들이 그의 울음에 대해서 어떻게 반응하는지를 관찰하라. 다른 회원 중에 어떤 사람은 분명히 자신의 감정을 느끼게 될 것이다.

그룹의 감정 수준을 잘 유지하는 열쇠는 당신 자신이 느끼는 감정에 충실하게 머물려는 것에 있다. 만일 당신이 감정을 느끼는 것을 허락하지 않을 경우 다른 회원들도 당신을 그대로 따르게 될 것이다. 느끼는 대로 다양한 관점에서 자유롭게 말하라. 예를 들면, "나는 어떤 슬픔을 느꼈어요." 혹은 "지금 어떤 분노의 감정을 느꼈어요."등과 같이 말해주는 것이다.

단원을 시작하기 전에

- □ 제1단원을 진행하는 동안 각 회원들의 반응을 적어둔 노트를 다시 점검해 보라. 그리고 각 회원들을 위하여 기도하라.
- □ 모임 장소의 환경을 점검하라.(76쪽 같은 내용을 보라).
- □ '감정 포스터'를 눈에 잘 띄게 게시하라.
- □ 토론과 질문 형태의 진행방법을 사용할 경우 칠판이나 포스터 보드에 토론할 질문들을 미리 적어놓으라.
- □ 학습자 자기평가 점검표를 다시 점검해 보라.

단원의 진행

1. **도착**: 회원들이 도착하면 환영하고, 이름표를 나눠주고, 정시에 시작하라.

2. **점검**: 회원들이 학습자 자기평가 점검표를 점검하게 함으로써 시작한다. 자기점검이 무엇인지 설명해 주라(138쪽을 보라).

학습자 자기점검은 "오늘 자신을 억압하고 있는 문제를 다른 회원과 나누고 싶은 분이나 혹은 다른 회원과 나누고 싶은 문제가 있는 분이 있습니까?" 혹은 "지난 단원을 공부한 결과 지난 주간 동안 여러분의 삶 속에 어떤 일이 일어났습니까?"라는 질문으로 시작한다. 다음의 질문들을 사용할 것인지를 고려해 보라.

세 번째 주간을 위한 자기점검

- 당신은 수치심이 바탕에 깔린 정체감을 갖고 있습니까?
- 어떻게 수치심이 당신의 사고와 행동에 영향을 주었습니까?

나눔 중심 형태의 진행방법에서는 먼저 이야기된 문제들에 대해서 다른 회원들이 언급하는 형식으로 진행되도록 한다. 한 사람의 나눔은 다른 회원들의 개인적인 삶의 문제들에 대한 기억들을 불러일으키게 될 것이다. 그들의 문제들에 대해서 말할 때에 당신은 그 이야기하는 사람들에 대해서 회원들이 반응하도록 인도해 갈 수 있을 것이다. 당신은 회원들이 알아야 할 반응들로 그룹 전체의 분위기를 만들어 갈 수 있을 것이다. 매주 과제들을 완수하는 것은 회원들이 이야기 나눔을 통해 기억해 낸 문제들에 대해서 무엇을 배웠는지를 성찰하게 할 것이다.

반드시 기억할 것: 그룹을 진행하는 데 있어서 가장 중요한 원리 중의 하나는 한 회원들이 자신의 이야기를 나누었을 때 다른 회원들에게 "당신은 어떤 감정을 느낍니까?"라고 질문하는 것이다. 미리 칠판이나 화이트보드에 써놓거나 게시한 '감정 포스터'를 활용하여 회원들에게 자신이 느끼는 감정에 대해서 말하도록 도전하라. 만일 감정을 말하도록 요청받은 회원이 자신의 감정이 무엇인지를 알지 못할 경우에도 계속 말하게 하라. 그에게 어떤 감정을 느끼는지 다시 질문하라. 혹은 왜 아무런 느낌을 느끼지 못하는가에 대해서 질문하라. 절대로 위협적이거나 혹은 불손한 태도로 질문하지 말라. 그러나 권위를 가지고 질문해야 한다. 당신은 감정을 부정하거나 혹은 감정적 마비라는 장벽을 깨뜨리기에 충분할 만큼 강하게 질문해야 할 것이다. 회원이 아직도 자신의 감정이 무엇인지를 깨닫지 못할 경우, 다른 회원에게 나누는 이야기를 듣고 있는 동안 그 회원에게서 느껴지는 느낌이 무엇인지 질문하라.

3. **토론과 질문 형태의 진행방법:** 토론과 질문 형태의 진행방법을 사용할 경우 아래의 질문사항들에 대한 토론을 위하여 시간을 점검하고 말하는 시간을 정해줘라. 아래의 질문들은 당신이 한 회기 동안에 다루어가려고 하기에는 너무 많은 질문들이다.

세 번째 주간을 위한 토론 질문들

- 당신의 가정이 수치심을 당신에게 전이시켰습니까? 그렇다면 어떻게 그렇게 되었는지 설명해 보십시오.
- 수치심이 당신이 친밀해지고자 하는 사람을 선택하는데 어떻게 영향을 미쳤습니까?
- 당신의 삶 속에 있는 수치심을 부정하기 위하여 사용한 방법은 무엇입니까?

회원들이 위의 질문들에 대하여 반응할 때 감정 수준을 잘 조절할 수 있도록 해야 한다. "당신에게 어떤 느낌을 줍니까?"라는 질문을 사용하라. 회원들에게 '감정 포스터'에 있는 감정 목록 중의 하나를 사용하여 대답하도록 요청하라.

4. **감정의 점검**: 단원을 마치기 전에 15분에서 30분간 감정을 점검할 시간을 가지라. '감정 포스터'를 이용하여 회원들이 현재 어떤 감정을 느끼고 있는가를 질문하라. 다음 제3단원을 시작하기 전에 5일간 매일학습과정을 미리 공부해 오도록 상기시켜라.

5. **마감기도**: 모두 일어나서 서로 손을 잡도록 하라. 그룹에서 일어난 모든 일에 대하여 하나님께 감사하거나 혹은 그룹의 목표가 이루어지도록 하나님의 도움을 요청하는 기도를 하도록 회원들을 초대하라. 각 회원들은 다른 사람이나 회원이 아닌 다른 사람이 아니라 자신을 위해서 기도하여야 한다.

끝맺음

- ☐ 이름표를 걷어라.
- ☐ 출석을 체크하라.
- ☐ 단원에 대한 당신의 생각과 감정들을 기록한다.
- ☐ 아래의 질문에 따라 당신이 적용한 기초 기술을 점검하라. 질문에 대한 답을 노트에 기록하라.

- 이번 단원을 진행하면서 회원들을 사랑으로 직면하였는가? 그렇다면 직면할 때에 어떻게 사랑과 수용을 전달하였는가?
- 제3단원을 진행하면서 회원이 과거의 수치심을 현재와 연결하도록 도울 때에 일어난 일들을 설명하라. 그것을 어떻게 해결하였는가?
- 단원을 진행하는 동안 그룹의 감정 수준을 조정하기 위하여 무엇을 하였는가?

□ 단원을 잘 진행하였는지 평가하기 위하여 예비 그룹 인도자를 만나 그의 의견을 들어보라.

제4단원
즐기는 것에 대한 두려움의 극복

금주의 학습목표

회원이 가지고 있는 가능성을 성취하지 못하게 하는 성공과 행복에 대한 두려움을 파악하고 왜 그러한지를 이해하게 될 것이다.

예상되는 일

이제 회원들은 좀 더 평안한 느낌을 갖게 될 것이다. 회원들 중 대부분은 앞으로 진행해 나갈 단원들에 대해서 기대를 갖게 될 것이다. 도움을 받게 될 것이라는 것을 알게 되면서 다른 회원들을 지지하고 격려하는 것에 관심을 갖게 될 것이다. 그룹은 이제 따뜻하고 안전한 장소로 느껴지게 된다. 그러나 어떤 회원들은 아직 그룹에 참여한 것에 대하여 갈등을 하고 있을 것이다. 회원들 중 대부분은 오랫동안 친밀한 관계를 맺지 못하고 살아왔다. 각각의 회원들에게 모두가 동등한 회원들이라는 사실을 계속해서 상기시켜라. 특별히 어려움을 겪고 있는 회원이 있다면 관심을 가져야 한다.

어떤 회원들은 전에 한 번도 말해보지 않은 중요한 비밀을 말할 것인지 아닌지를 생각하고 있을 것이다. 이러한 사람들은 두려움과 희망의 느낌을 함께 가지고 있다. 그들은 침묵을 깨뜨리고 싶어 한다. 하지만 그럴 때 일어날 일에 대해서 극단적인 두려움을 가지고 있다. 그러므로 안전하고 따뜻한 느낌을 가질 수 있도록 만들어주어야 한다. 말을 하지 않고 있는 회원이 있다면, 오랫동안 간직했던 비밀을 나눌 것인지에 대해서 마음을 정할 수 있도록 시간을 주어야 한다.

회원들은 아직 좋은 느낌보다는 불편한 느낌을 가지고 있을 것이다. 이러한 감정은 정상적인 치료과정의 일부이다. 회원들이 느끼게 될 증가하는 정서적 고통의 수준에 대해서 이해하도록 도우라.

지난주에 몇 명의 회원들은 수치심이 바탕에 깔린 정체감을 가지고 있다는 것을 발견하였다. 수치심이 바탕에 깔린 정체감이라는 개념이 담고 있는 의미가 무엇인지 이제 회원들을 통해서 드러나고 있는 중이다. 회원들은 이 주간에 수치심에 대한 더 많은 질문들을 가지고 있을 것이다. 필요하다면 단원의 진행과정과 내용을 조정할 수 있다.

이번 주간의 회기는 행복과 성공에 대한 두려움을 다룬다. 수치심이 바탕에 깔린 정체감을 가지고 있는 사람들은 자신들이 행복하거나 성공할만하지 못하다고 느낀다. 회원들이 수치심과 즐거움에 대한 두려움과의 관계를 이해하도록 도우라.

적용될 기초 기술

아래에 있는 그룹 인도자가 갖추어야 할 기초 기술을 다시 점검해 보라.

□ 1. 성경의 진리와 심리학적인 진리를 통합시켜 설명할 수 있어야 한다(46쪽을 보라).

이 단원을 위한 성경말씀은 "너희는 다시 무서워하는 종의 영을 받지 아니하고 양자의 영을 받았으므로 우리가 아빠 아버지라고 부르짖느니라"(롬8:15)는 말씀이다. 대부분의 회원들은 이성적으로는 하나님은 사랑의 하나님이며 우리에게 기쁨을 주시는 분이시라는 것을 알고 있지만, 그러나 감정적으로 하나님의 사랑과 그분을 믿음으로서 느껴지는 기쁨에 대해서는 알지 못할 것이다. 그들은 수치심을 느끼게 하고 즐거움을 제한하는 하나님은 살아계신 하나님이 아니라고 생각하는 것이다! 그들은 왜곡된 하나님에 대한 관점과 신앙관을 가지고 있다. 이 주간에 인도자는 회원들이 하나님의 은혜를 실제적으로 체험하도록 도와주길 원할 것이다. 그룹이 사랑과 용납의 분위기를 갖도록 하여 회원들이 하나님의 사랑과 용납을 체험하도록 도우라. 각 회원들을 격려하고 용납하는 모범을 보여줌으로써 회원들이 서로 그렇게 할 수 있도록 인도하라.

□ 2. 경청의 기술을 개발해야 한다(50쪽을 보라).

- 어떤 회원이 말할 때에 다른 회원들의 표정을 잘 살피라. 그들이 태도나 표정으로 무엇을 말하고 있는가?
- 회원이 방금 말한 것을 다시 말하거나 요약하기 위하여 잘 기억해야 한다. 그리고 "지금 당신이 말한 것은 이러한 것입니까?"라고 물어라. 그리고 회원들의 반응을 유도하라.
- 지금 말하고 있는 사람의 얼굴표정을 잘 살펴라.

• 적절한 때에 머리를 끄덕거리며 지금 하는 말을 잘 듣고 있다는 것을 표현하라. "그랬군요." 혹은 "아, 그랬어요." 등등과 같은 짧은 표현을 통해 하는 말을 잘 듣고 있다는 것을 나타낼 수도 있다.
• 필요할 때에는 말을 끊고 방금 한 말을 분명하게 하기 위하여 부연 설명하도록 요청할 필요도 있다.
• 다른 회원들의 반응이 필요할 경우에는 그렇게 할 기회를 주어라.

□ 3. **어떻게 각 단원을 끝마치는지를 알고 있어야 한다(48쪽을 보라).**

종종 어떤 회원은 당신에게 "나는 더 이상 여기에 머물고 싶지 않아요, 나는 아무런 느낌도 느낄 수 없어요."라고 말함으로써 당혹스럽게 할 것이다. 이러한 말들은 이미 비음성언어로 "나는 더 이상 이 그룹에 머물고 싶지 않아요, 그리고 나는 당신이 빨리 이 모임을 끝냈으면 해요."라고 표현되었을 것이다. 대부분의 그룹 회원들이 그러한 메시지를 보내고 있는 것이 파악하게 되었다면, 그날 모임을 거기서 끝낼 필요가 있다. 그러나 한 사람이 그러한 메시지를 표현하고 있을 경우에는 그 사람을 잘 도와주어야 한다. 그 회원은 아마도 당신이 설명한 문제들에 대해서 두려움을 느끼고 있을 것이다. 그러한 경우 그 모임이 끝날 때까지 그 회원이 남아 있도록 격려해야 한다. 당신은 "오늘 모임이 당신을 불편하게 한 것이 무엇인가요?"라고 물어보고 싶을 것이다. 어떤 한 회원이 회기가 끝나려고 할 때에 그룹을 교묘하게 통제하거나 조종하지 못하도록 해야 한다. 당신은 다음과 같이 말할 필요가 있다. "우리가 계속 모임을 하는 동안 원하신다면 일찍 나가셔도 좋습니다." 어떤 회원이 정해진 시간보다 일찍 모임을 끝내려고 하거나 혹은 그렇게 조종하려고 할 경우 그 사람을 개인적으로 직면해 주어야 한다. 어떤 회원이 반복적으로 모임이 끝나는 시간보다 일찍 나가도록 허용해서는 안된다.

모임이 끝나는 시간에 대해서 유연성을 가져야 하지만, 그러나 반복적으로 정해진 시간보다 한 시간 이상씩 오래 연장해서는 안된다. 모임 시간을 2시간을 넘어 3시간 이상씩 갖는 것은 바람직한 것은 아니다. 회원 수에 따라 다르겠지만, 경험적으로 볼 때 2시간 30분을 넘지 않는 것이 좋다.

단원을 시작하기 전에

□ 제1단원을 진행하는 동안 각각의 회원들의 반응을 적어둔 노트를 다시 점검해 보라. 그리고 각 회원들을 위하여 기도하라.

- ㅁ 모임 장소의 환경을 점검하라(76쪽 같은 내용을 보라).
- ㅁ '감정 포스터'를 눈에 잘 띄게 게시하라.
- ㅁ 토론과 질문 형태의 진행방법을 사용할 경우 칠판이나 포스터 보드에 토론할 질문들을 미리 적어놓으라.
- ㅁ 이 책 부록에 있는 학습자 자기평가 점검표를 다시 점검해 보라.

단원의 진행

1. **도착**: 회원들이 도착하면 환영하고, 이름표를 나눠주고, 정시에 시작하라.

2. **점검**: 회원들이 학습자 자기평가 점검을 하게 함으로써 시작한다. 학습자 자기평가 점검이 무엇인지 설명해 주라(부록을 참고하라). 회원들이 고려해야 할 것이 무엇인지를 상기시켜라.

   학습자 자기평가 점검은 "오늘 자신을 억압하고 있는 문제를 다른 회원과 나누고 싶은 분이나 혹은 다른 회원과 나누고 싶은 문제가 있는 분이 있습니까?" 혹은 "지난 단원을 공부한 결과 지난 주간 동안 여러분의 삶 속에 어떤 일이 일어났습니까?"라는 질문으로 시작한다. 다음의 질문들을 사용할 것인지를 고려해 보라.

네 번째 주간을 위한 자기점검

- 당신의 가정이 즐기는 것에 대한 두려움을 가르쳐 주었습니까?
- 그렇다면 어떤 방법으로 당신에게 즐기는 것에 대한 두려움을 가르쳐 주었습니까?

나눔 중심 형태의 진행방법에서는 먼저 이야기된 문제들에 대해서 다른 회원들이 언급하는 형식으로 진행되도록 한다. 한 사람의 나눔은 다른 회원들의 개인적인 삶의 문제들에 대한 기억들을 불러일으키게 될 것이다. 그들의 문제들에 대해서 말할 때에 당신은 그 이야기하는 사람들에 대해서 회원들이 반응하도록 인도해갈 수 있을 것이다. 그룹이 이러한 방법으로 진행해나가도록 이끌어가도록 하라.

당신은 모임이 끝날 때에 정확하게 언제 그룹이 끝날 것인지 알 필요는 없다. 그룹의 진행과정은 한 단계 한 단계 모임이 전개되도록 한 계획에 의해 진행될 것이다.

3. **토론과 질문 형태의 진행방법**: 토론과 질문 형태의 진행방법을 사용할 경우 아래의 질문사항들에 대한 토론을 위하여 시간을 점검하고 말하는 시간을 정해줘라. 다음의 질문들을 사용할 것인지를 고려해 보라.

네 번째 주간을 위한 토론 질문들

- 당신은 스스로 당신의 성공을 방해한 적이 있습니까? 어떻게 그렇게 하였는지 설명해 보십시오.
- 당신의 행복을 느낄 수 있는 능력은 다른 가족의 감정과 얽혀 있습니까?
- 당신이 자라온 가정은 미래를 어떻게 취급했습니까?

회원들이 위의 질문들에 대하여 반응할 때에 감정수준을 잘 조절할 수 있도록 해야 한다.

4. **확신의 말(금주의 확신)**: 모임을 마감할 시간이 되었음을 알려라. 회원들에게 매일 서로를 위하여 기도하고 있는지를 물어보라. 그러나 수치심을 느끼지 않게 해야 한다. 회원들이 서로를 위하여 매일 기도할 수 있도록 격려해 주어라.

회원들에게 매일 확신의 말(금주의 확신)을 크게 소리내어서 외우고 있는지를 물어보라. 어떤 사람들은 그렇게 하는 것을 시시하게 생각할 것이다. 그러나 그렇게 하는 것의 중요성을 상기시켜 주어라. 필자는 회복을 위한 확신의 말을 처음으로 큰소리로 말하려 했을 때 울기 시작하였다. 확신의 말을 크게 말하는 것은 내가 얼마나 상처를 받았는가를 깨닫게 해주었다.

확신의 말(금주의 확신)은 과거의 부정적인 사고를 긍정적이며 확신이 찬 새로운 사고 패턴으로 바꾸어주는 중요한 방법이다.

회원들에게 학습자용 교재 123쪽에 있는 '당신 자신에게 성공허가권을 발부하라'를 펴게 하라. 그리고 열 가지 긍정의 말과 함께 크게 읽도록 하라.

5. **마감기도**: 모두 일어나서 서로 손을 잡도록 하라. 그룹에서 일어난 모든 일에 대하여 하나님께 감사하거나 혹은 그룹의 목표가 이루어지도록 회원들에게 하나님의 도움을 요청하는 기도를 하게 하라. 다른 회원이나 회원이 아닌 사람이 아니라 자신을 위해서 기도하여야 한다.

끝맺음

- □ 이름표를 걷어라.
- □ 출석을 체크하라.
- □ 단원에 대한 당신의 생각과 감정들을 기록한다.
- □ 단원을 마치는 당신의 방법을 점검해 보라.
  - 단원을 마칠 때에 그룹의 욕구에 민감하였는가?
  - 단원을 진행하는 동안 제기된 문제들을 잘 마감하였는가?
  - 단원을 마치려고 할 때에 충족되지 못한 욕구들에 민감하였는가?
  - 회원들이 다 다루지 못한 문제들을 다음 주에 다룰 수 있다는 것을 알려서 격려하였는가?
  - 마감 기도를 한 후에 더 이상 진행하지 않고 단원의 진행을 끝마쳤는가?
  - 어떤 특정한 회원이 단원을 마치는 시간에 영향을 미치도록 허용하였는가?
- □ 단원을 잘 진행하였는지 평가하기 위하여 예비 그룹 인도자를 만나서 그의 의견을 들어보라.
- □ 아래 질문들에 답함으로써 인도자로서 당신의 기술을 점검해 보라. 그리고 그 결과를 노트에 기록하라.
  - 이 단원을 진행하면서 회원들이 하나님의 은혜와 즐거움에 대한 더 좋은 이해를 발전시키도록 돕기 위하여 무엇을 하였는가?
  - 이 단원을 진행하면서 사용하였던 경청의 기술을 점검해 보라.
  - 단원을 마치면서 충족되지 못한 욕구에 민감하였는가?
  - 이 주간에 다루지 못한 문제들을 다음 주에 소개하여 다룰 수 있도록 회원들을 격려하였는가?

• 마감기도 후에 단원 진행을 끝마치지 않고 더 진행하지는 않았는가?
• 어떤 특정한 회원이 단원을 마치는 시간에 영향을 미치도록 허용하였는가?

경청의 기술

- ㅁ 어떤 회원이 말을 하고 있을 때, 다른 회원들은 종종 그의 모습을 살핀다. 그들이 비음성언어로 말하고 있는 것은 무엇인가?
- ㅁ 회원이 그룹에 방금 말한 것을 자주 재진술하거나 혹은 요약해야 한다는 것을 기억하라. 그리고 "이것이 당신이 말하고자 하는 내용입니까?"라고 물어보라. 회원이 응답하게 하라.
- ㅁ 말하고 있는 사람을 주목하고 말하는 사람에 호의적으로 대해야 한다는 것을 기억하라.
- ㅁ 적절한 때에 어떤 사람이 말하고 있을 때 잘 듣고 있다는 표시로 머리를 끄덕여주어라. 짧은 말이나 언어로 어떤 사람이 말하고 있는 것을 잘 듣고 있다는 표현을 해 주어라.
- ㅁ 필요할 경우 말하는 것을 중지시키고 그 사람이 방금 말한 것이 명확하게 무슨 뜻인지 물어보라.
- ㅁ 그룹 안에서 어떤 사람이 말한 것에 대해서 응답이 필요한 경우 회원들이 그렇게 할 수 있다는 것을 확신시켜 주어라.

제5단원
너무 일찍 성장한 사람들을 위한 도움

금주의 학습목표

회원들이 역기능가정에서 상실한 어린 아이의 특성을 파악하고 이해하게 될 것이다.

예상되는 일

이 단원을 통하여 당신은 회원들이 역기능가정에서 성장하면서 경험하였던 정서적인 상실을 파악할 수 있도록 도와주게 될 것이다. 회원들이 어린 아이의 특성을 상실한 것을 알기 시작하게 되면, 그들은 그러한 상실을 애통해하기 시작할 수 있다. 애통의 과정을 통하여 앞으로 어떻게 삶을 영위해 나아가야 할지, 또한 현재 삶을 위한 단계를 설정한다.

회원들은 비록 어린 시절을 다시 살 수 없을지라도 정서적으로 건강한 성인으로서의 삶에 절대적으로 필요한 어린이다운 성품을 다시 회복할 수 있다는 것을 이해할 필요가 있다. 이 단원의 또 다른 중요한 점은 하나님께 대한 순종에 초점을 맞추는 것이다. 당신의 회원 중 몇몇은 전혀 자신의 삶을 하나님께 맡기는 순종의 삶을 살지 않았다는 사실을 깨닫게 될 것이다. 그러한 사람들에게 필요한 영적인 신뢰를 회복할 수 있도록 격려해 주어라. 또 다른 회원들은 매일의 그리스도인으로서의 삶에서 무엇인가 빠진 것같이 느낄 때 그리스도를 신뢰하였다는 사실을 알고 안도감을 느낄 것이다. 어떤 경우든 당신은 의미 있는 영적인 지도를 제공할 수 있는 놀라운 기회를 가지고 있는 것이다.

이 주간의 주제는 제1단원에서 나누지 않았던 회원들의 학대받았던 경험을 나눌 수 있게 할 것이다. 어떤 회원들은 아직 매우 고통스러운 정서적인 상처를 입었던 사건을 나누지 않았을 수도 있다는 것을 고려하고 그에 대한 대비를 하여야 한다.

적용될 기초 기술

이 주간의 단원을 위하여 다음의 그룹 인도자가 갖추어야 할 기초 기술을 점검해 보라.

□ 1. 회원들의 감정의 정체가 무엇인지를 알 수 있도록 도와주어야 한다(46쪽을 보라).

어린 시절의 상실에 대해서 깨닫게 된 회원은 슬픔을 경험하게 될 것이다. 그 슬픔이 정확하게 무엇인지 명명함으로써 애통과정을 경험하도록 도우라. 회원들이 슬픔, 상실, 분노라는 애통의 복합성을 이해하도록 도우라. 회원들이 "나는 어린 시절을 상실했습니다. 그래서 매우 슬픔을 느낍니다."와 같은 말을 사용하여 자신의 어린 시절의 상실이 무엇인지를 명확하게 이해하도록 도우라.

어떤 회원이 자신의 잃어버린 어린 시절 한 부분에 대해서 말할 때에 당신은 "그러한 어린 시절 한 부분을 상실한 것이 당신에게 어떤 느낌을 줍니까?"라고 질문함으로써 이야기를 전개해 갈 수 있다. 앞에 게시된 7 가지 '감정 포스터'를 가리키며, 그 중에 어떤 감정을 느끼는지 말하게 하라.

회원들이 어린 시절 아무도 인정해주지 않았던 감정들이 무엇인지 알아낼 수 있도록 도우라. 각각의 회원들이 과거가 현재에 어떤 영향을 미쳤는지 연관 지을 수 있도록 도우라. 예를 들어, 어떤 회원이 어린 시절 절대로 화를 내는 것을 허용 받지 못했다는 말을 했다면, "지금 그 분노를 어떻게 표현하시겠습니까?"라고 물어보라. 그렇게 함으로써 어린 시절 억압받았던 분노의 감정을 어떻게 처리하고 있는지 현재의 감정이나 행동 패턴을 발견하도록 도우라.

□ 2. 감정을 인정해주고 확인시켜줄 줄 알아야 한다(51쪽을 보라).

□ 3. 어떤 한 사람에 의하여 그룹이 이끌려가지 않도록 해야 한다.

이 지점에서 당신은 어떤 한 사람이 그룹을 조종하려고 하거나 독점하려는 경향이 있다는 것에 대해서 공부할 필요가 있다. 다음은 어떤 한 사람이 그룹을 자신의 의도대로 지배하려는 시도의 예이다.

- 자신의 문제를 말하기 위하여 대부분의 시간을 요구함
- 진행되고 있는 일이 불편하게 느낄 경우 이미 지나간 내용으로 되돌아가려고 시도함
- 단원이 다 끝날 때쯤 되어서 정서적으로 충격적인 이야기나 언동을 반복적으로 함
- 다른 회원의 정서적인 표현을 막으려고 시도함

• 인도자에게 도전적이거나 불쾌한 행동을 계속함으로서 인도자에게 창피를 주려고 시도함
• 다른 회원들의 동기나 감정들을 비판함
• 반복해서 직면(confrontation)할 필요가 있는 회원들을 변명해주거나 구해주려고 함

그룹을 자신의 의도대로 지배하거나 이끌고 가려는 것인지 아닌지를 파악하는 열쇠는 그것이 반복적인 행동인가를 분석해 보는 것이다. 어떤 사람은 의도적으로 또는 무의식적으로 그룹을 지배하려고 한다. 그러나 그 자체가 요점은 아니다. 더 중요한 것은 인도자가 한 회원이 그룹의 진행을 지배하도록 허용할 경우 그룹의 효과는 깨어지게 된다는 것이다.

그러한 회원들을 다루는 첫 번째 단계는 그런 행동을 하는 그 즉시 도전하는 것이다. 그러나 적대적으로 대해서는 안된다. 사랑으로 직면하려고 해야 한다. 다음은 그러할 때에 사용할 수 있는 몇 가지 대화의 예이다.

• "○○○씨, 우리는 이미 지난 세 단원에 걸쳐서 지금 당신이 말한 내용을 주요하게 다루었습니다. 오늘은 다른 회원들의 문제에 초점을 맞추어야 합니다."
• "○○○씨, 우리 그룹은 이미 진행시간에 대해서 약속을 하였습니다. 우리는 그 약속한 계획을 따르고 있습니다. 우리는 단원을 계속 진행해야 합니다."
• "○○○씨, 당신은 우리가 반응하기에는 너무 많은 시간이 드는 문제를 끝나는 직전까지 기다렸다가 말한 것이 벌써 세 번째입니다. 그렇게 중요한 문제를 오래 기다렸다가 말하는 이유는 무엇입니까?"
• "○○○씨, △△△씨는 지금 울어야 할 필요가 있습니다. 당신이 △△△에게 울지 말라고 하면, △△△가 좋아지는 것을 어렵게 하는 것입니다."

또 다른 도움이 되는 방법은 다른 회원들에게 피드백을 하게 하는 것이다. 다른 회원들에게 그의 행동에 대해서 말하게 하라. 예를 들면, 건강하게 반응할 것이라고 생각되는 회원에게 "○○○씨, 오늘은 일찍 끝내자는 △△△씨의 요구에 대해서 어떻게 느끼십니까?"라고 묻는 것이다. 이러한 질문을 할 때에 당신은 건강한 응답을 할 수 있을 것이라고 판단되는 사람에게 질문을 하는 것이 좋다.

그래도 문제가 계속될 경우에는 그룹 모임 후에 당사자를 일대일로 만나서 말할 필요가 있다. 그에게 그룹에 참가하는 것을 그만두고 일대일 상담을 하도록 권면할 필요가 있을 것이다. 이러한 해결방법이 잘 먹혀들어가지 않을지라도 당신은 어떤 회원이든지

건강치 못한 방법으로 그룹을 독점하려는 시도를 하지 못하도록 차근차근 인도해 나갈 필요가 있다.

단원을 시작하기 전에

- □ 제1단원을 진행하는 동안 각 회원들의 반응을 적어둔 노트를 다시 점검해 보라. 그리고 각 회원들을 위하여 기도하라.
- □ 모임 장소의 환경을 점검하라(76쪽 같은 내용을 보라).
- □ '감정 포스터'를 눈에 잘 띄게 게시하라.
- □ 토론과 질문 형태의 진행방법을 사용할 경우 칠판이나 포스터 보드에 토론할 질문들을 미리 적어놓으라.
- □ 부록에 있는 학습자 자기평가 점검표를 다시 점검해 보라.

단원의 진행

1. **도착**: 회원들이 도착하면 환영하고, 이름표를 나눠주고, 정시에 시작하라.

2. **점검**: 회원들이 자기점검을 하게 함으로써 시작한다. 자기점검이 무엇인지 설명해 주어라.

자기점검은 "오늘 자신을 억압하고 있는 문제를 함께 나누고 싶거나 혹은 함께 나누고 싶은 문제가 있는 분이 있습니까?" 혹은 "지난 단원을 공부한 결과 지난 주간 동안 여러분의 삶 속에 어떤 일이 일어났습니까?"라는 질문으로 시작한다. 다음의 질문들을 사용할 것인지를 고려해 보라.

다섯 번째 주간을 위한 자기점검

- 당신은 어린 시절을 상실하였습니까? 그렇다면 무엇을 상실하였습니까?
- 당신은 자신이 성인아이라고 생각하고 있습니까? 왜 그렇습니까?

단원을 진행하면서 감정을 점검하기 위한 시간을 가져야 한다는 것을 명심하라. 회원들에게 “지금 느끼는 감정은 어떤 것입니까?” 하고 물어보라.

3. **토론과 질문 형태의 진행방법**: 토론과 질문 형태의 진행방법을 사용할 경우 아래의 질문사항들에 대한 토론을 위하여 시간을 점검하고 말하는 시간을 정해줘라. 아래의 질문들은 당신이 한 회기 동안에 다루려고 하기에는 너무 많기 때문에 어떤 질문을 사용할지 고려해 보라.

아래의 질문들에 회원들이 대답을 할 때 그룹의 감정 수준을 잘 조절해 주어야 한다는 것을 기억하라. “그것이 당신에게 어떤 느낌을 주었습니까?”와 같은 질문을 사용하라.

다섯 번째 주간을 위한 토론 질문들

- □ 당신은 어떻게 어린 시절의 일부를 상실하였습니까?
  - 다른 사람을 돌보는 사람이 됨으로써
  - 학대
  - 감정을 감춤으로써
  - 생존역할을 택함으로써
  - 기타
- □ 당신이 충족 받지 못한 어린 시절의 기본적인 욕구는 무엇입니까?
  - 기본적인 육체적 필요와 욕구
  - 감정의 수용
  - 어른에게 의지해야 할 문제
  - 적절한 피부접촉
  - 놀이
  - 무엇이 진실인지를 파악하는데 대한 도움
- □ 어린 시절 수용 받지 못한 당신의 감정은 무엇입니까?

4. **감정의 점검**: 단원을 마치기 전에 15분에서 30분간 감정을 점검할 시간을 가지라. '감정 포스터'를 이용하여 회원들이 현재 어떤 감정을 느끼고 있는가를 질문하라. 다음 제6단원을 시작하기 전에 5일간 매일학습과정을 미리 공부해 오도록 상기시켜라.

   공부를 시작하기 전에 회원들이 서명한 서약서를 읽어라. 회원들에게 자신들이 서명한 서약내용을 지켜야 한다는 것을 상기시켜라.

5. **마감기도**: 오늘의 단원을 진행하면서 있었던 일에 대하여 하나님께 감사하도록 회원들에게 요청하라.

끝맺음

- □ 이름표를 걷어라.
- □ 출석을 체크하라.
- □ 단원에 대한 당신의 생각과 감정들을 기록한다.
- □ 아래의 질문에 따라 당신이 적용한 기초 기술을 점검하라. 질문에 대한 답을 노트에 기록하라.
  - 회원들이 파악하도록 도와준 어린 시절의 상실은 무엇인가?
  - 회원들의 파악한 어린 시절의 상실과 관련된 감정들은 무엇인가?
  - 그룹을 혼자 지배하려고 시도하는 회원의 문제가 있었는가? 그렇다면 어떻게 그렇다는 것을 파악하였는가?
  - 문제를 해결하기 위하여 오늘의 단원을 진행하는 동안 밟은 단계는 무엇인가?
  - 오늘의 단원을 진행하면서 회원들의 감정을 수용해 준 경우 중에서 세 가지를 예로 들어 보라.
- □ 단원을 잘 진행하였는지 평가하기 위하여 예비 그룹 인도자와 만나 그의 의견을 들어보라.

제6단원
완전주의와 미루는 습관

금주의 학습목표

회원들이 자신들의 생활 속에 나타나는 완전주의적 행동의 징후들을 파악하게 될 것이다.

예상되는 일

이쯤에서 회원들은 더욱 몰입하고 다른 회원들에게 피드백을 하기 시작할 것이다. 회원들이 각 단원의 내용과 지시들에 잘 몰입할 수 있도록 도와주라.

완전주의는 많은 사람들이 가지고 있는 강력한 충동적 행동이다. 종종 완전주의는 현재 가지고 있으면서도 강력하게 부인되는 개인적인 문제 중의 하나이다. 부정하지 말고 그것을 직면하도록 준비하게 하라. 완전주의가 건강치 못한 종교적 율법주의와 관련이 있다는 것을 기억하라. 이 단원이 강력한 능력이 있는 모임이 되도록 준비하라.

적용될 기초 기술

이 주간의 단원을 위하여 다음의 그룹 인도자가 갖추어야 할 기초 기술을 점검해 보라.

□ 1. 피드백을 유도할 줄 알아야 한다(44쪽을 보라).

이 주간에는 회원간에 서로 피드백을 잘 할 수 있도록 돕는 것에 특별히 초점을 맞추어야 한다. 당신이 그룹에서 활용할 수 있는 피드백의 예는 아래와 같다.

- "지금 우리 그룹에서 느끼는 감정은 무엇입니까?"
- "수, 로이스가 아버지에게 매 맞은 이야기를 할 때 어떤 느낌을 받았습니까?"
- "나는 당신이 앤디가 말한 것에 대해서 세 가지 정도의 피드백을 해 주셨으면 합니다."

어떤 회원이 자신의 이야기를 나누고 있을 때 그 이야기를 듣고 있는 회원들을 살펴보라. 만일 회원들의 얼굴표정이나 몸짓을 통해서 강한 감정이 표현되고 있다는 것이 발견되면 그 감정에 대해서 피드백 하도록 요청하라.

□ 2. 그룹의 감정 수준을 조절할 줄 알아야 한다(47쪽을 보라).

□ 3. 기다릴 줄 알아야 한다(50쪽을 보라).

당신이 모든 것을 계획하에 이루어가야 하는 사람이라면 그룹을 진행해가는 동안에 자발적이어야만 할 것이다. 하나님을 의지하라. 하나님께서 당신을 돕고 있다는 것을 신뢰하고 기다리라.

□ 4. 회원들이 각각 다른 회원들을 돕도록 가르쳐야 한다(51쪽을 보라).

그룹의 치유과정이 당신의 어깨에만 달려 있는 것은 아니다. 인도자 혼자 모든 것을 짊어지려고 하지 말라. 치료의 과정은 하나님의 손에 달려 있다. 그것은 또한 회원들이 서로 도울 때 일어난다. 당신 혼자서 하려고 함으로써 그룹의 진행과정을 통해 이루어지는 치유를 망치지 않도록 하라.

회원들이 서로 갈등할 때에 "나는 당신을 지지합니다."라는 말을 사용하도록 상기시켜라. 포옹을 하거나 혹은 감사하는 말과 같은 다른 적절한 방법을 통하여 서로 격려하도록 권면하라.

종종 어떤 회원은 다른 회원에게 "당신이 화를 내는 것은 옳지 않습니다."라는 말을 하려고 할 것이다. 이것을 소위 '감정 무효화하기'(invalidating a feeling)라고 부른다. 회원들은 감정을 느끼고 그것을 표현할 수 있어야만 한다. 감정을 부정하거나 혹은 즉각적으로 도덕적인 평가를 하는 것은 매우 위험한 일이다. 우리는 우리의 감정을 인식해야 하고, 그에 따른 적절한 행동을 하는 것에 대해서 배워야 한다. 한 회원이 다른 회원의 감정을 부정할 때, 그 회원의 말에 초점을 맞춰라. 회원이 다른 회원의 감정을 억압하려고 시도하는 것을 통해서 드러나게 될 그 사람 자신의 문제를 발견하도록 인도해 가라. 종종 어떤 사람의 감정을 부정하려는 회원은 그 자신이 내면에 그와 같은 격렬한 감정을 억압하고 있어서 갈등을 겪고 있는 경우가 많다.

왜 당신이 다양한 그룹 상황에 대해서 회원들에게 반응하고 답하도록 하는지에 대하여 이해하게 하라. 당신 스스로 하나님께 회원들이 그룹의 미래를 잘 이끌어 갈 수 있도록 도와달라고 기도하라.

단원을 시작하기 전에

- ㅁ 제1단원을 진행하는 동안 각 회원들의 반응을 적어둔 노트를 다시 점검해 보라. 그리고 각각의 회원들을 위하여 기도하라.
- ㅁ 모임 장소의 환경을 점검하라(76쪽에 같은 내용을 보라).
- ㅁ '감정 포스터'를 눈에 잘 띄게 게시하라.
- ㅁ 토론과 질문 형태의 진행방법을 사용할 경우 칠판이나 포스터 보드에 토론할 질문들을 미리 적어놓으라.
- ㅁ 학습자 자기평가 점검표를 다시 점검해 보라.

단원의 진행

1. **도착**: 회원들이 도착하면 환영하고, 이름표를 나눠주고, 정시에 시작하라.

2. **점검**: 회원들이 자기점검을 하게 함으로써 시작한다. 자기점검이 무엇인지 설명해 주려면 마지막 쪽에 있는 학습자 자기평가 점검표를 참조하라. 회원들에게 자기점검 내용을 상기시켜라.

   자기점검은 "오늘 자신을 억압하고 있는 문제를 함께 나누고 싶은 분이나, 함께 나누고 싶은 다른 문제가 있는 분이 있습니까?" 혹은 "지난 단원을 공부한 결과 지난 주간 동안 여러분의 삶 속에 어떤 일이 일어났습니까?"라는 질문으로 시작한다. 자기점검 시간에 이러한 질문들을 사용할 것인지를 고려하라.

여섯 번째 주간을 위한 자기점검

- 당신은 완전주의자입니까? 당신은 완전주의자적인 행동을 합니까?
- 오직 하나님만이 하실 수 있는 일을 하려고 시도하였습니까?

나눔 중심 형태의 진행방법에서는 먼저 이야기된 문제들에 대해서 다른 회원들이 언급하는 형식으로 진행되도록 한다. 한 사람의 나눔은 다른 회원들의 개인적인 삶의 문제들에 대한 기억들을 불러일으키게 될 것이다. 그들의 문제들에 대해서 말할 때에 당신은 그 이야기하는 사람들에 대해서 회원들이 반응하도록 인도해 갈 수 있을 것이다. 그룹이 이러한 방법으로 진행해나가도록 이끌어라. 그룹의 결론을 내리거나 혹은 끝내려고 할 때에 당신은 정확하게 언제 끝내야 할지를 알아야 할 필요는 없다. 그 이유는 그룹의 진행과정은 모임을 통하여 한 단계 한 단계 전개해 나가도록 계획되어 있는 것이기 때문이다.

3. **토론과 질문 형태의 진행방법**: 토론과 질문 형태의 진행방법을 사용할 경우 아래의 질문사항들에 대한 토론을 위하여 시간을 점검하고 말하는 시간을 정해줘라. 아래의 질문들은 당신이 한 회기 동안에 다루기에는 너무 많은 질문이므로 어떤 질문을 사용할지 고려해 보라.

여섯 번째 주간을 위한 토론 질문들

□ 당신이 완전주의자가 되도록 만든 어린 시절 자주 들었던 메시지를 기억할 수 있습니까?
  - '좀더' 라는 메시지
  - 실수가 없어야 한다는 메시지
  - 단점을 극복하기 위해 열심히 노력하라는 메시지
  - 놀지 말라는 메시지
  - 최고가 되라는 메시지

□ 다른 사람과의 관계를 해치는 완전주의자적인 행동을 하고 있습니까?

□ 당신은 자신이 완전주의와 미루는 습관의 증상을 가지고 있다고 생각합니까?

회원들이 위의 질문들에 대하여 반응할 때에 감정 수준을 잘 조절할 수 있도록 해야 한다. "당신에게 어떤 느낌을 줍니까?"라는 질문을 사용하라. 회원들에게 '감정 포스터'에 있는 감정 목록 중의 하나를 사용하여 대답하도록 요청하라.

4. **감정의 점검**: 단원을 마치기 전에 15분에서 30분간 감정을 점검할 시간을 가지라. 다른 감정들이 게시되어 있는 '감정 포스터'를 이용하여 회원들이 현재 어떤 감정을 느끼고 있는가를 질문하라.

회원들이 하나님께서 자신들을 극진히 사랑하시며 용납하고 있다는 것을 받아들이도록 격려하라.

다음 제7단원을 시작하기 전에 5일간 매일학습과정을 미리 공부해 오도록 상기시켜라. 확신의 말(금주의 확신)을 큰소리로 외워야 한다는 것을 강조하라.

5. **마감기도**: 오늘의 단원을 진행하면서 있었던 일에 대하여 하나님께 감사하도록 각 회원들에게 요청하라.

끝맺음

- □ 이름표를 걷어라.
- □ 출석을 체크하라.
- □ 단원에 대한 당신의 생각과 감정들을 기록한다.
- □ 아래의 질문에 따라 당신이 적용할 기초 기술을 점검하라. 질문에 대한 답을 노트에 기록하라.
  - 이 단원을 진행하면서 회원들이 다른 회원에게 피드백을 하도록 인도하였다면 그 경우들을 정리해 보라.
  - 오늘의 단원을 통하여 얼마나 감정의 수준을 잘 조절하였는가? 오늘의 단원을 통하여 이성적인 수준에 머물렀던 경우는 어느 정도인가? 균형을 이루게 하기 위하여 어떻게 하였는가?
  - 이 단원을 진행하면서 발생한 전혀 예상치 못했던 일은 무엇인가? 그것에 어떻게 반응하였는가?
  - 이 단원을 진행하면서 회원들이 서로 돕도록 가르친 것은 무엇인가?
- □ 단원을 잘 진행하였는지 평가하기 위하여 예비 그룹 인도자를 만나 그의 의견을 들어보라.

제7단원
고통스러운 기억의 치유

금주의 학습목표

회원들이 어린 시절의 고통스러운 기억들에 대해서 말하게 될 것이다.

예상되는 일

이 단원은 회원들이 고통스러운 어린 시절의 기억들을 직면해야 할 필요가 있다는 것을 더 잘 이해하도록 도와줄 것이다. 제1단원을 진행하는 동안 당신은 회원들에게 어린 시절의 고통스러운 기억들을 나누도록 요청했을 것이다. 아마도 어떤 회원들은 아직도 자신들의 대부분의 고통스러운 기억들을 나누지 못했을 것이다. 이 단원과 최근까지 당신의 그룹에서 일어난 나눔은 오늘 모임에서 몇 명의 회원들이 깊은 수준의 나눔을 할 수 있도록 촉진시킬 것이다.

회원들은 그룹의 진행과정이 자신들을 회복으로 나아가게 하고 있다는 희망을 갖게 될 것이다. 회원들이 어린 시절에 자라난 가정에서 비롯된 역기능적인 특성들을 직면할 때에 느꼈던 초기의 슬픔과 고통을 극복하고 있다는 징후들을 주의해서 살펴보라.

적용될 기초 기술

이 주간의 단원을 위하여 다음의 그룹 인도자가 갖추어야 할 기초 기술을 점검해 보라.

□ 1. 상대방에게 그를 용납(수용)하고 있다는 것과 관심을 가지고 있다는 것을 알게 해야 한다(40쪽을 보라).

어떤 사람을 용납(수용)한다는 것이 그 사람의 가치나 혹은 선택에 동의한다는 것을 의미하는 것은 아니다. 당신은 그 사람의 어떤 생각이나 혹은 선택에 동의하지 않으면서도 그 사람을 용납(수용)할 수 있다. 어떤 사람의 가치가 변화할 필요가 있다면, 돌봄이나, 공감적인 친구가 되는 것이 정죄적이고 비판적인 입장보다 더 큰 영향을 줄 수 있을 것이다.

어떻게 용납(수용)하고 관심이 있다는 것을 알게 할 수 있을까? 여기에 몇 가지 지침들이 있다.

- 의도를 가지고 그리고 아주 적극적으로 경청하라.
- 어떤 사람이 정서적으로 고통스러운 것에 대해서 말할 때에, 그 사람을 주목하라. 얼굴 표정으로 관심을 가지고 있다는 것을 보여 주어라. 알아들었다는 뜻으로 머리를 끄덕거려라. 너무나 감정이 복받쳐 말하는 것을 멈추었을 때에는 "나는 당신을 지지합니다"(I support you.)라고 말해 주어라.
- 그룹 회원이 "미안해요."라고 말하면서 울거나 말할 때에 "이 그룹 안에서는 울어도 괜찮아요. 우리는 당신의 고통을 나누기 위해 여기에 있어요."라고 말해 주어라.
- 그룹 회원이 당신이 생각하기에 잘못되었다고 생각되는 것을 말할 때에도 도덕적인 판단을 하려는 유혹을 피하라. 도덕적인 판단을 할 경우 그룹 회원은 다시 자신의 감정을 나누기에는 안전하지 못하다는 생각을 하게 될 것이다.
- 그룹 회원을 돕기 위한 가장 우선적인 일은 그들의 감정을 받아들여주는 것이다. 어떤 사람과 친교를 맺을 때, 나중에 얼마든지 도덕적인 선택에 영향을 줄 기회가 있게 될 것이다. 그러한 자세를 견지한다고 해서 도덕적인 가치에 대한 관심이 부족하다고 해석하지 말라. 그것은 전략적인 문제이며, 어떻게 그 사람의 생애에 중대한 도움을 줄 수 있는가 하는 방법상의 문제이다.
- 그룹 회원이 자신에 대해 말하고 나서는 부끄러움을 느끼거나 상처를 받기가 쉬운 마음 상태에 있게 될 것이다. 그러할 때에 다음과 같이 말해 주어라. "당신이 지금 자신의 일에 대해 나눈 것은 정말 큰 용기였습니다. 그 사실을 나눈 것에 대해 정말 경의를 표합니다."
- 다른 그룹 회원이 자신의 문제를 나눈 사람의 행동을 비난할 때에는 재빨리 개입하여 중재를 하라. 그리고 회원들에게 이 그룹은 다른 사람을 판단하거나 비판하기 위해서 모인 것이 아님을 상기시켜라.

회원들이 고통스러운 어린 시절의 기억들을 나눌 때 수치심을 느낄 것이다. 그 수치심은 논리적인 것이 아니다. 회원의 이야기를 들을 때, 당신은 회원이 순결한 희생자라는 것을 알게 될 것이다. 동시에 이야기를 하고 있는 회원은 어떤 책임감을 느끼게 될 것이다. 역기능가정에서 성장한 어린 아이들은 다른 가족원의 수치심을 전수받는다는 사실을 기억하라. 회원이 이야기하는 내용이 용납(수용)받아야만 한다는 어떤 특별한 표현이 아님이 명백하다 하더라도 용납(수용)받고 있다는 것을 느낄 수 있는 의사소통이 이루어져야 한다.

□ 2. 그룹이 안전하다는 느낌을 만들어주어야 한다(42쪽을 보라).

성인아이들은 정서적으로 안전한 장소가 필요하다. 그룹 인도자로서 당신의 역할 중의 하나는 안전하고 신뢰할 만한 그룹 분위기를 만들어주는 것이다. 그룹이 진행되는 동안 안전한 느낌을 갖도록 하는 중요한 방법 중 하나는 분명한 경계(boundary)를 수립하는 것이다.

그룹 인도자로서 당신은 그룹이 진행되는 동안 경계를 강화해 주어야 한다. 경계는 정서적으로 건강한 사람을 감싸고 있는 보이지 않는 담장과 같다. 우리는 신체적인 경계를 가지고 있다. 어떤 사람이 당신의 얼굴에서 60 센티미터의 거리에 서서 당신에게 어떤 말을 하게 되면 당신은 무의식적으로 뒤로 물러서게 될 것이다. 그 이유는 그 사람이 당신의 신체적 경계를 침범했기 때문이다. 성적 경계는 당신이 성적인 경험을 선택하거나 혹은 거절하거나 하는 보호적 한계를 수립하는 것이다. 정서적 경계는 어떤 사람이 분노를 통해서 당신의 감정을 통제하려고 시도할 때 경고를 해 준다. 영적인 경계는 당신을 조종하는 건강치 못한 종교 형태로부터 당신을 보호해 준다.

성인아이들은 깨어지거나 혹은 상처를 입은 경계의 문제로 고통을 겪고 있다. 성적 학대의 희생자들은 "안돼!"라고 말할 권리가 있다는 것을 이해하는데 어려움을 겪는다. 신체적 학대의 희생자들은 신체적 해로움으로부터 자신을 보호할 권리가 있다는 생각을 발전시키는데 어려움을 겪는다. 역기능가정에서 성장한 사람은 불필요한 정서적인 고통으로부터 자신을 보호하는 것을 어려워한다.

당신의 그룹은 건강한 경계를 수립할 수 있도록 회원들을 도와주는 곳이어야 한다. 당신은 회원들이 서로 이야기를 주고받고 경계를 강화하는 과정을 통해서와 회원들이 존경심을 가지고 서로를 대하도록 함으로써 경계를 강화하는 것을 지원할 수 있을 것이다. 회원들이 서로에 대해서 학대적인 말을 하는 것을 절대로 허용하지 말라. 회원들이 원하지 않는 것을 하게 하거나 말하게 하지 말라. 자신의 문제를 발견하도록 하기 위해서 부드럽게 도전하는 것과 회원의 의지와는 상관없이 말하게 하거나 행동하게 하는 것의 차이를 이해하라.

□ 3. 분노를 적절하게 표현할 수 있도록 이끌어주어야 한다(44쪽을 보라).

단원을 시작하기 전에

□ 제1단원을 진행하는 동안 각 회원들의 반응을 적어둔 노트를 다시 점검해 보라. 그리고 각 회원들을 위하여 기도하라.
□ 모임 장소의 환경을 점검하라(76쪽에 같은 내용을 보라).
□ '감정 포스터'를 눈에 잘 띄게 게시하라.
□ 토론과 질문 형태의 진행방법을 사용할 경우 칠판이나 포스터 보드에 토론할 질문들을 미리 적어놓으라.
□ 학습자 자기평가 점검표를 다시 점검해 보라.

단원의 진행

1. **도착**: 회원들이 도착하면 환영하고, 이름표를 나눠주고, 정시에 시작하라.

2. **점검**: 회원들이 자기점검을 하게 함으로써 시작한다. 자기점검이 무엇인지 설명해 주라.

자기점검은 "오늘 자신을 억압하고 있는 문제를 함께 나누고 싶거나, 함께 나누고 싶은 다른 문제가 있는 분이 있습니까?" 혹은 "지난 단원을 공부한 결과 지난 주간 동안 여러분의 삶 속에 어떤 일이 일어났습니까?"라는 질문으로 시작한다. 자기점검 시간에 이러한 질문들을 사용할 것인지를 고려하라.

나눔 중심 형태의 진행방법에서는 먼저 이야기된 문제들에 대해서 다른 회원들이 언급하는 형식으로 진행되도록 한다. 한 사람의 나눔은 다른 회원들의 개인적인 삶의 문제들에 대한 기억들을 불러일으키게 될 것이다. 그들의 문제들에 대해서 말할 때에 당신은 그 이야기하는 사람들에 대해서 회원들이 반응하도록 인도해갈 수 있을 것이다.

당신은 회원들이 알아야 할 필요가 있는 반응들을 통하여 단원 전체를 이끌어갈 수 있을 것이다. 한 주간 동안 공부해야 할 내용들을 다 끝마침으로써 자신들이 제기한 문제들을 통하여 무엇을 배웠는가를 성찰하게 될 것이다.

일곱 번째 주간을 위한 자기점검

- ▫ 현재의 당신의 행동은 고통스러운 기억의 영향을 받고 있습니까? 그렇다면 어떻게 영향을 받고 있습니까?
  - 언제나 무엇인가 잘못되었다는 느낌
  - 두려움 때문에 꼼작할 수 없는 느낌
  - 어떤 감정 혹은 상황을 피하려함
  - 현실을 부정함
- ▫ 다음은 감추어져 있는 정서적인 상처의 기억이 있다는 것을 나타내주는 징표입니다. 해당되는 것이 있습니까?
  - 성인아이라는 느낌은 있지만 왜 그러한지를 알지 못함
  - 어린 시절 전체에 대한 희미한 기억
  - 어린 시절 살았던 집의 어떤 방에 대한 별다른 감정
  - 다른 사람으로부터의 피드백
  - 어떤 감정은 느낄 수가 없음

3. **토론과 질문 형태의 진행방법**: 토론과 질문 형태의 진행방법을 사용할 경우 아래의 질문사항들에 대한 토론을 위하여 시간을 점검하고 말하는 시간을 정해줘라. 다음의 질문들을 사용할 것인지를 고려해 보라. 아래의 질문들은 당신이 한 회기 동안에 다루기에는 너무 많은 질문이기 때문에 어떤 질문을 사용할지 고려해 보라.

회원들이 질문에 답을 할 때, 감정의 수준을 잘 조절할 수 있도록 해야 한다는 것을 기억하라. "그것은 당신에게 어떤 느낌을 줍니까?" 그리고 "그것에 대해서 들었을 때 어떻게 느낍니까?"라는 질문을 사용하라. 그리고 회원들에게 '감정 포스터'에 있는 감정목록 중의 하나를 사용하여 대답하도록 요청하라.

일곱 번째 주간을 위한 토론 질문들

- 고통스러운 기억을 찾고자 할 때에 발견한 당신의 두려움은 무엇입니까?
- 회원들과 함께 아직 나누지 못한 고통스러운 기억은 무엇입니까?

4. **감정의 점검**: 단원을 마치기 전에 15분에서 30분간 감정을 점검할 시간을 가지라. '감정 포스터'를 이용하여 회원들이 현재 어떤 감정을 느끼고 있는가를 질문하라. 다음 제8단원을 시작하기 전에 5일간 매일학습과정을 미리 공부해 오도록 상기시켜라.

5. **마감기도**: 오늘의 단원을 진행하면서 있었던 일에 대하여 하나님께 감사하도록 회원들에게 요청하라. 자신들의 고통스러운 기억의 치유를 위하여 기도하도록 회원들을 초대하라.

끝맺음

- □ 이름표를 걷어라.
- □ 출석을 체크하라.
- □ 단원에 대한 당신의 생각과 감정들을 기록한다.
- □ 아래의 질문에 따라 당신이 적용할 기초 기술을 점검하라. 질문에 대한 답을 노트에 기록하라.
  - 그룹을 진행하면서 회원들을 용납(수용)하고 있다는 것을 알게 한 일이 있다면 예를 들어보라.
  - 회원들은 그룹이 안전한 장소라고 느끼고 있는가? 그러한 안전한 느낌을 만들기 위하여 무엇을 하였는가?
  - 이 단원을 진행하는 동안 분노를 표현한 사람이 있는가? 어떻게 분노를 건강하게 표현하도록 인도하였는가?
- □ 단원을 잘 진행하였는지 평가하기 위하여 예비 그룹 인도자를 만나서 그의 의견을 들어보라.

제8단원
고통스러운 과거의 유익

금주의 학습목표

회원들은 고통스러운 과거의 결과로 인하여 얻게 된 긍정적인 성과들을 파악하고 이해하게 될 것이다.

예상되는 일

어떤 회원들은 고통스러운 어린 시절로부터 어떤 좋은 것이 있을 수 있다는 것을 이해할 준비가 되어 있지 않을 것이다. 그러한 사람에 대해서는 인내하고 기다리라. 대부분 그들은 과거의 고통을 만나기 시작하고 있는 중이다. 아마도 그들은 자신들의 어린 시절이 나쁘지 않았다고 말하면서 살아왔을 것이다.

이 공부를 통하여 그들은 이제 과거를 정직하게 직면하기 시작한다. 과거 속에 있는 좋은 점을 보도록 도전하는 것은 부정하던 것으로 되돌아가는 초청과 같은 말일 것이다. 인내하라. 각 회원들이 각자에게 적절한 순서와 속도에 따라 진행해 나아가도록 하라. 각 회원들이 반응하는 방법에 민감함으로써 부드럽게 유도하라.

역기능가정의 생존역할에 대한 이 주간의 토론은 어떤 회원들에게는 그들이 자라난 가정의 역기능적인 특성을 잘 깨닫도록 인도해 줄 것이다. 회원들이 과거에 대해서 부정하던 것을 버리고 자신들의 진실한 어린 시절의 모습을 새롭게 받아들일 것에 대하여 준비하라.

이 단원을 위한 도전은 회원들이 자신들의 과거의 경험을 영적인 면과 심리학적인 면을 통합하도록 돕는 것이다. 어떤 사람이 자신의 어린 시절의 정서적인 고통을 직면하기 시작할 때, 과거에 대한 새로운 이해는 그의 믿음에 위협감을 줄 것이다.

그가 가지고 있는 종교적인 경험은 그의 자유로운 선택에 의해서라기보다는 그가 자랄 때에 권위를 가지고 있었던 사람의 모습에 의하여 만들어진 것일 것이다. 그의 믿음은 순종보다는 맹

종과 더 관련이 있을 것이다. 과거의 고통에 더욱 정직해질 때에 과거의 종교적인 경험의 진정한 모습을 평가해 볼 필요가 있음을 발견하게 될 것이다.

회원들이 정서적, 심리적 관점을 통해서 과정의 고통에 대하여 건강하게 이해하는 것은 맹종이 아니라 자신들의 자유로운 선택에 따라 순종하는 것을 배움으로써 그리스도에 대한 깊은 믿음으로 이끌 수 있을 것이다.

적용될 기초 기술

이 주간의 단원을 위하여 다음의 그룹 인도자가 갖추어야 할 기초 기술을 점검해 보라.

□ 1. 지도력을 잃지 않으면서도 개인적으로는 한 회원으로서의 역할을 할 수 있어야 한다(40쪽을 보라).

인도자로서 당신은 한 회원으로 참여해야 하고, 개인적인 갈등을 나눌 필요가 있다. 당신은 스스로의 연약성에 대해서 말할 필요가 있다. 동시에 당신은 그룹 인도자로서의 역할을 해야 한다. 당신이 개인적인 나눔으로 너무 깊이 들어갈 경우에는 결과적으로 회원들이 인도자를 잃게 됨으로써 그룹 진행이 중단된다는 것을 갑작스럽게 발견하게 될 것이다.

또 다른 극단적인 경우는 마치 전문가처럼 역할을 하려고 함으로써 회원들로부터 멀어지는 경우이다. 인도자로서 당신의 역할은 회원들이 매주마다 드러내는 모든 문제들을 전문적으로 해결해주는 잘 훈련된 역할이 아니다. 당신의 역할은 같은 문제를 안고 갈등하며, 정서적인 고통을 이해하는 동료로서의 역할이다. 절대로 당신이 느끼지도 않는 감정을 연출하려고 하거나, 혹은 당신의 감정을 하나의 표준적인 예처럼 과장하려고 하지 말라.

□ 2. 성경적인 진리와 심리학적인 진리를 통합시켜 설명할 수 있어야 한다(46쪽을 보라).

종종 기독교인들은 자신의 과거의 고통을 감추기 위해서 성경의 진리를 너무 얄팍하게 인용하려고 한다. 성경은 그 가르침을 얄팍한 방패막이로 사용하도록 개개인을 부르지 않는다. 하나님은 정직하게 자기 자신을 있는 그대로 발견하도록 사람들을 부르신다. 우리 스스로를 더 잘 이해할 때 우리는 성경의 깊은 진리를 더 잘 깨닫고 그에 더 잘 순종할 수 있게 된다.

□ 3. 말로 표현되지 않은 의사표시나 감정의 표현들을 읽을 줄 알아야 한다(49쪽을 보라).

단원을 진행하기 전에

□ 제1단원을 진행하는 동안 각 회원들의 반응을 적어둔 노트를 다시 점검해 보라. 그리고 각 회원들을 위하여 기도하라.

□ 모임 장소의 환경을 점검하라(76쪽에 같은 내용을 보라).

□ '감정 포스터'를 게시하라.

□ 아래의 역기능가정의 역할에 관한 내용이 그려진 '역기능가정에서 역할' 포스터를 확대해서 게시판에 게시하라(역기능가정에서 역할 포스터의 예는 부록에 실려 있다.).: 희생양, 잃어버린 아이(조용한 아이), 광대, 위로자, 영웅, 반항아, 대리 배우자, 어린 부모, 어린 왕자/공주

□ 칠판에 아래의 고통스러웠던 어린 시절의 긍정적인 결과 목록을 써 놓거나 혹은 게시판에 붙여 놓으라(이 내용은 학습자용 교재 제8단원 3일과 4일 내용에 담겨 있다.).: 강한 생존 본능, 탁월해지고자 하는 욕구, 다른 사람을 돕고자 하는 능력, 기타

□ 토론과 질문 형태의 진행방법을 사용할 경우 칠판이나 포스터 보드에 토론할 질문들을 미리 적어놓으라.

□ 학습자 자기평가 점검표를 다시 점검해 보라.

단원의 진행

1. **도착**: 회원들이 도착하면 환영하고, 이름표를 나눠주고, 정시에 시작하라.

2. **점검**: 회원들이 자기점검을 하게 함으로써 시작한다. 자기점검이 무엇인지 설명해 주라.

자기점검은 "오늘 자신을 억압하고 있는 문제를 함께 나누고 싶은 분이나, 함께 나누고 싶은 다른 문제가 있는 분이 있습니까?" 혹은 "지난 단원을 공부한 결과 지난 주간 동안 여러분의 삶 속에 어떤 일이 일어났습니까?"라는 질문으로 시작한다. 다음의 질문들을 사용할 것인지를 고려해 보라. 회원들에게 당신이 준비한 두 개의 포스터를 참고하도록 하라.

여덟 번째 주간을 위한 자기점검

- 당신이 자라난 가정에서의 역할은 무엇이었습니까?
- 당신이 자라난 가정에서의 역할이 어린 시절에 어떤 영향을 주었습니까?
- 당신의 고통스러웠던 어린 시절의 몇 가지 긍정적인 결과들을 분명하게 구체적으로 말할 수 있습니까?
- 그러한 긍정적인 결과들이 부정적인 영향들을 가지고 있습니까? 그것은 무엇입니까?

나눔 중심 형태의 진행방법에서는 먼저 이야기된 문제들에 대해서 다른 회원들이 언급하는 형식으로 진행되도록 한다. 한 사람의 나눔은 다른 회원들의 개인적인 삶의 문제들에 대한 기억들을 불러일으키게 될 것이다. 그들의 문제들에 대해서 말할 때에 당신은 그 이야기하는 사람들에 대해서 회원들이 반응하도록 인도해 갈 수 있을 것이다.

당신은 회원들이 알아야 할 필요가 있는 반응들을 통하여 단원 전체를 이끌어갈 수 있을 것이다. 한 주간 동안 공부해야 할 내용들을 다 끝마침으로써 자신들이 제기한 문제들을 통하여 무엇을 배웠는가를 성찰하게 될 것이다.

3. **토론과 질문 형태의 진행방법**: 토론과 질문 형태의 진행방법을 사용할 경우 아래의 질문사항들에 대한 토론을 위하여 시간을 점검하고 말하는 시간을 정해줘라. 아래의 질문들은 당신이 한 회기 동안에 다루기에는 너무 많은 질문들이기 때문에 어떤 질문을 사용할 것인지 고려해 보라.

여덟 번째 주간을 위한 토론 질문들

- 당신의 어린 시절을 생각해 볼 때, 상처받았다고 느낍니까? 왜 그렇습니까?

- 성인아이의 공통적인 특징들을 살펴볼 때에 당신의 삶에 대해서 운명론적인 느낌이 듭니까?
- 이 그룹에서 배우는 것이 당신의 신앙에 위협이 된다는 생각을 가지고 있습니까? 그렇다면 어떻게 그렇습니까?
- 이 주간에 배운 것 중에서 고통스러운 과거에서 벗어나도록 도움을 준 것은 무엇입니까?

회원들이 질문에 답을 할 때, 감정의 수준을 잘 조절할 수 있도록 해야 한다는 것을 기억하라. "그것은 당신에게 어떤 느낌을 줍니까?" 그리고 "그것에 대해서 들었을 때 어떻게 느낍니까?"라는 질문을 사용하라. 그리고 회원들에게 '감정 포스터'에 있는 감정목록 중의 하나를 사용하여 대답하도록 요청하라.

4. **감정의 점검**: 계획된 스케줄에 따라 단원을 마치기 전에 15분에서 30분간 감정을 점검할 시간을 가져라. '감정 포스터'에 제시된 각각의 다른 감정들을 사용하여 회원들이 현재 경험하고 있는 감정이 어떤 것인지 질문하라. 다음 제9단원을 시작하기 전에 5일간 매일학습과정을 미리 공부해 오도록 상기시켜라.

끝맺음

- □ 이름표를 걷어라.
- □ 출석을 체크하라.
- □ 단원에 대한 당신의 생각과 감정들을 기록한다.
- □ 아래의 질문에 따라 당신이 적용할 기초 기술을 점검하라. 질문에 대한 답을 노트에 기록하라.
  - 오늘 모임에서 당신이 개인적으로 나눈 것과 드러낸 연약성들 중의 하나는 무엇인가?
  - 오늘 모임에서 강하게 나타난 비언어적 의사소통은 어떤 것인지 세 가지만 예로 들어보라.
- □ 단원을 잘 진행하였는지 평가하기 위하여 예비 그룹 인도자를 만나서 그의 의견을 들어보라.

제9단원
당신 자신을 용납하라

금주의 학습목표

회원들은 다른 사람을 만날 때에 정서적 가면을 벗고 자신을 용납하도록 격려 받게 될 것이다.

예상되는 일

이 단원을 통하여 회원들은 역기능가정이 어린이의 진정한 정체감을 감추는 가면을 쓰고 생존역할을 하도록 가르쳤던 방법을 깨닫고 그것을 버리게 될 것이다. 이 주간에 회원들은 자신들을 용납하게 될 것이다.

어떤 성인아이들에게 자기다워지게 하는 것은 쉽지 않다. 그 성인아이는 말할 것이다. "나는 내가 누구인지 모른다. 나의 개인적인 자아는 전혀 성장할 기회를 얻지 못했다. 나는 내가 무엇을 좋아하는지 알 수가 없다. 나는 내가 무엇을 원하는지 알 수가 없다." 이 단원을 통하여 회원들은 정체감의 혼돈에서 벗어나 어떤 사람이 되고 싶은지 결정하도록 격려 받게 될 것이다.

회원들에게 자기다워지게 하는데 초점을 맞춰라. 회원들은 자기의 유일성을 즐거워하도록 격려 받아야 한다. 각 회원의 개성을 확인하고 격려하는 방법을 찾으라.

회원들로 하여금 다른 회원들이 자신을 어떻게 보고 있는지 알도록 도우라. 회원들의 특성을 구체적으로 명명하게 하라. 자신의 모습을 정확하게 보기 어려워하는 사람이 있을 경우 그 사람을 위한 거울 역할을 해 주어라.

회원들이 하나님의 사랑과 은혜를 만나도록 도와줘라. 궁극적으로 우리는 모두 우리다워지도록 하나님께서 허용하고 계신다는 것을 느낄 필요가 있다.

적용될 기초 기술

이 주간의 단원을 위하여 다음의 그룹 인도자가 갖추어야 할 기초 기술을 점검해 보라.

□ 1. **피드백을 유도할 줄 알아야 한다**(44쪽을 보라).

이 주간의 초점은 회원들로 하여금 자신들이 누구인가를 알도록 도와주는 것이다. 회원들로 하여금 자신들의 유일성을 발견하도록 격려하라. 성인아이들은 종종 그림자로 뒤덮인 어두운 자아상 때문에 고통스러워한다.

회원들로 하여금 서로 자신들의 모습을 볼 수 있도록 도와주게 하라. 회원들이 서로 "이 그룹에서 만난 후로 나는 당신의 ______ 한 모습을 존경하게 되었습니다."라는 말을 나누도록 격려하라.

□ 2. **그룹의 감정 수준을 조절할 줄 알아야 한다**(47쪽을 보라).

종종 어떤 감정은 그룹을 마치 구름처럼 붕 뜨게 할 것이다. 당신이 그러한 강렬한 감정을 느낄 때, 그것은 그룹 전체가 어떤 감정을 느끼기는 하지만 그것에 대해서 아는 것을 거부하고 있다는 신호이거나 혹은 단순히 대부분의 회원들이 그 순간에 동시에 경험하는 강렬한 감정일 것이다.

그러한 경우 당신은 그러한 감정들을 정확하게 명명하는 것이 중요하다. 예를 들면, 다음과 같이 하는 것이다. "나는 이 방안에 ______ 감정이 가득하다는 느낌을 느끼고 있습니다." 그런 다음 회원들에게 같은 느낌을 느끼냐고 물어본다. 이렇게 질문하라. "이 느낌이 어떤 느낌이라고 생각하십니까?" 그룹을 붕 뜨게 만든 감정의 원인에 대해서 토론하라.

□ 3. **감정을 인정해 주고 확인시켜줄 줄 알아야 한다**(51쪽을 보라).

단원을 진행하기 전에

□ 제1단원을 진행하는 동안 각 회원들의 반응을 적어둔 노트를 다시 점검해 보라. 그리고 각 회원들을 위하여 기도하라.

□ 모임 장소의 환경을 점검하라(76쪽에 같은 내용을 보라).

□ '감정 포스터'를 게시하라.

□ 토론과 질문 형태의 진행방법을 사용할 경우 칠판이나 포스터 보드에 토론할 질문들을 미리 적어놓으라.
□ 학습자 자기평가 점검표를 다시 점검해 보라.

단원의 진행

1. **도착**: 회원들이 도착하면 환영하고, 이름표를 나눠주고, 정시에 시작하라.

2. **점검**: 회원들이 자기점검을 하게 함으로써 시작한다. 자기점검이 무엇인지 설명해 주어라.

자기점검은 "오늘 자신을 억압하고 있는 문제를 나누고 싶은 분이나, 함께 나누고 싶은 다른 문제가 있는 분이 있습니까?" 혹은 "지난 단원을 공부한 결과 지난 주간 동안 여러분의 삶 속에 어떤 일이 일어났습니까?"라는 질문으로 시작한다.

아홉 번째 주간을 위한 자기점검

- 수치심이 바탕에 깔린 정체감이 당신에게 마치 다른 사람처럼 행동하길 원하도록 했습니까?
- 당신은 아직도 어린 시절의 역기능가정에서 역할을 하면서 살고 있습니까?

나눔 중심 형태의 진행방법에서는 먼저 이야기된 문제들에 대해서 다른 회원들이 언급하는 형식으로 진행되도록 한다. 한 사람의 나눔은 다른 회원들의 개인적인 삶의 문제들에 대한 기억들을 불러일으키게 될 것이다. 그들의 문제들에 대해서 말할 때에 당신은 그 이야기하는 사람들에 대해서 회원들이 반응하도록 인도해 갈 수 있을 것이다. 당신은 회원들이 알아야 할 필요가 있는 반응들을 통하여 단원 전체를 이끌어갈 수 있을 것이다. 한 주간 동안 공부해야 할 내용들을 다 끝마침으로써 자신들이 제기한 문제들을 통하여 무엇을 배웠는가를 성찰하게 될 것이다.

3. **토론과 질문 형태의 진행방법**: 토론과 질문 형태의 진행방법을 사용할 경우 아래의 질문사항들에 대한 토론을 위하여 시간을 점검하고 말하는 시간을 정해줘라. 아래의 질문들은 당신이 한 회기 동안에 다루기에는 너무 많은 질문이기 때문에 어떤 질문을 사용할지 고려해 보라.

아홉 번째 주간을 위한 토론 질문들

- 당신이 무엇을 원하는지 알기가 어렵습니까? 왜 그렇습니까?
- 당신의 생애는 선택보다는 반작용에 의하여 더 결정되었다고 생각합니까?
- 하나님의 사랑에서 당신을 이 그룹에서 배우는 것이 당신의 신앙에 위협이 된다는 생각을 가지고 있습니까? 그렇다면 어떻게 그렇습니까?
- 이 주간에 배운 것 중에서 고통스러운 과거에서 벗어나도록 도움을 준 것은 무엇입니까?

회원들이 질문에 답을 할 때, 감정의 수준을 잘 조절할 수 있도록 해야 한다는 것을 기억하라. "그것은 당신에게 어떤 느낌을 줍니까?" 그리고 "그것에 대해서 들었을 때 어떻게 느낍니까?"라는 질문을 사용하라. 그리고 회원들에게 '감정 포스터'에 있는 감정목록 중의 하나를 사용하여 대답하도록 요청하라.

4. **감정의 점검**: 계획된 스케줄에 따라 단원을 마치기 전에 15분에서 30분간 감정을 점검할 시간을 가지라. '감정 포스터'에 제시된 각각의 다른 감정들을 사용하여 회원들이 현재 경험하고 있는 감정이 어떤 것인지 질문하라. 다음 제10단원을 시작하기 전에 5일간 매일학습과정을 미리 공부해 오도록 상기시켜라. 매일 확신의 말(금주의 확신)을 큰소리로 외워야 한다는 섯을 강조하라.

끝맺음

□ 이름표를 걷어라.
□ 출석을 체크하라.

□ 단원에 대한 당신의 생각과 감정들을 기록한다.

□ 아래의 질문에 따라 당신이 적용할 기초 기술을 점검하라. 질문에 대한 답을 노트에 기록하라.

- 그룹이 진행되는 동안 회원들이 서로 피드백을 할 수 있도록 어떻게 도왔는가?
- 오늘 그룹의 감정 수준이 지적 수준이었는가 아니면 감정적 수준이었는가? 여기에 당신이 영향을 준 리더십은 어떤 것인가?
- 회원들이 감정을 표현할 수 있도록 어떤 안전한 환경을 제공하였는가? 여기에 당신이 영향을 준 리더십은 무엇인가?

□ 단원을 잘 진행하였는지 평가하기 위하여 예비 그룹 인도자를 만나서 그의 의견을 들어보라.

제10단원
당신에게 상처를 준 사람들에 대한 용서

금주의 학습목표

각 회원들은 어린 시절의 큰 고통의 원인이 되었던 행동을 한 사람들을 용서하기 위한 계획을 세우게 될 것이다.

예상되는 일

어떤 회원들은 용서의 과정을 진행하기 전에 정서적인 문제를 다루는 과정을 더 진행해야 할 것이다. 숙련되지 않은 방법으로 회원들에게 용서하라고 강요하지 않도록 주의하라. 그렇게 할 경우 용서의 문제로 갈등을 겪고 있는 사람은 또다시 수치심에 빠지게 될 것이다. 회원이 두려움, 수치심, 분노를 적절하게 표현할 수 있도록 자유를 주어라. 용서할 준비가 되어 있지 않은 것처럼 보이는 사람에게는 장래에 그렇게 할 수 있을 때가 올 것이라는 것을 상기시켜라.

육체적 혹은 성적인 학대를 겪은 사람들은 용서하기가 더욱 어려울 것이다. 용서는 학대자에 대하여 권한을 포기하는 것처럼 느낄 것이다. 그러한 사람에게 용서란 가해자의 행동이 옳다고 인정하는 것을 의미하는 것이 아니라는 것을 이해하도록 도와줘라. 용서란 가해자에게 굴복하는 것을 의미하지 않는다. 사실 용서란 당장에라도 폭발할 것 같은 고통과 두려움을 통하여 나를 지배하는 가해자의 힘을 제거하는 것을 의미한다.

마지막 단원에 이를 즈음, 어떤 회원들은 그룹이 끝나는 것에 대해서 슬픔과 심지어는 두려움을 표현할 것이다. 회원들은 "나는 결국 안전한 정서적인 환경을 발견하였다. 그런데 벌써 끝내야 한다니! 이제 막 시작하였는데."라고 말할 것이다. 이러한 문제가 일어날 경우 어떻게 말해야 하는지에 대해서는 '다음 그룹을 위한 계획 세우기' (19쪽 Step 15)를 보라.

적용될 기초 기술

이 주간의 단원을 위하여 다음의 그룹 인도자가 갖추어야 할 기초 기술을 점검해 보라.

□ 1. 사랑으로 직면(confrontation)하려고 해야 한다(40쪽을 보라).

만일 당신의 그룹에 아직도 어린 시절에 대해서 강한 부정(denial)을 하고 있는 사람이 있다면, 용서에 대해서 말하는 목소리가 매우 피상적일 것이다. 그 이유는 자신을 학대한 아버지에 대한 깊은 적대감이 아직도 그의 마음에 자리 잡고 있기 때문이다. 그러한 사람을 직면하려고 할 때에는 사랑의 마음으로 하려고 해야 한다. 그러한 사람에게는 쓴 고통을 다룸으로써 진심어린 용서의 단계로 나아가야 한다는 중요성을 이해할 수 있도록 도와야 한다.

그룹의 모임이 끝날 즈음에 와 있을 때, 어린 시절의 고통을 직면하는 것을 향하여 서서히 나아가고 있는 회원들을 도와줄 기회가 그렇게 많지 않을 것이다. 당신은 도움을 받으려 하지 않는 사람을 억지로 고쳐줄 수 없다는 것을 기억해야 한다. 동시에 회원 중 어떤 사람은 당신의 건설적인 직면에 대해서 자신을 열어 보이려 하지 않는다는 사실에 대해서 민감해야 한다.

□ 2. 성경적인 진리와 심리학적인 진리를 통합시켜 설명할 수 있어야 한다(46쪽을 보라).

이 단원은 그룹과정에 대해서 성경적인 진리와 심리학적인 진리를 통합할 수 있는 가장 좋은 기회를 제공해 줄 것이다. 용서는 복음의 핵심 내용이다. 용서는 성인아이들을 위한 어둠의 터널 끝에 있는 빛이다.

이 기회를 사용하여 회원들이 하나님의 위대한 사랑을 경험하게 하고, 나아가 용서하려는 데로 나아가게 해야 한다. 우리가 따라야 할 하나님의 모범을 회원들에게 고양시키라.

회원들이 용서할 준비가 되어 있지 않다면 용서의 목표를 향하여 나아가게 하라. 회원들에게 회복의 과정은 궁극적으로 어린 시절의 상처를 용서하는 것으로 나아가야 한다는 것을 알게 하라. 하나님께서 용서할 수 있도록 돕고 계신다는 것을 믿도록 격려하라.

회원들에게 용서를 하지 않으려는 것은 자신의 어깨 위에 무거운 짐을 지고 있는 것과 같은 것이라는 사실을 상기시켜라. 나에게 상처를 준 사람을 용서하지 않으려는 것은 여전히 그 사람이 나에게 준 쓴 고통을 내 안에 가두어 놓는 것이다.

단원을 시작하기 전에

- ㅁ 제1단원을 진행하는 동안 각 회원들의 반응을 적어둔 노트를 다시 점검해 보라. 그리고 각 회원들을 위하여 기도하라.
- ㅁ 모임 장소의 환경을 점검하라(76쪽에 같은 내용을 보라).
- ㅁ '감정 포스터'를 게시하라.
- ㅁ 토론과 질문 형태의 진행방법을 사용할 경우 칠판이나 포스터 보드에 토론할 질문들을 미리 적어놓으라.
- ㅁ 학습자 자기평가 점검표를 다시 점검해 보라.

단원의 진행

1. **도착**: 회원들이 도착하면 환영하고, 이름표를 나눠주고, 정시에 시작하라.

2. **점검**: 회원들이 자기점검을 하게 함으로써 시작한다. 자기점검이 무엇인지 설명해 주어라.

자기점검은 "오늘 자신을 억압하고 있는 문제를 나누고 싶은 분이나, 함께 나누고 싶은 다른 문제가 있는 분이 있습니까?" 혹은 "지난 단원을 공부한 결과 지난 주간 동안 여러분의 삶 속에 어떤 일이 일어났습니까?"라는 질문으로 시작한다. 다음의 질문들을 사용할 것인지를 고려해 보라.

열 번째 주간을 위한 자기점검

- 이 주간이 공부를 통하여 용서에 대한 당신의 이해가 어떻게 바뀌었습니까?

나눔 중심 형태의 진행방법에서는 먼저 이야기된 문제들에 대해서 다른 회원들이 언급하는 형식으로 진행되도록 한다. 한 사람의 나눔은 다른 회원들의 개인적인 삶의 문제들에 대한 기억들을 불러일으키게 될 것이다. 그들의 문제들에 대해서 말할 때에 당신은 그 이야기하는 사람들에 대해서 회원들이 반응하도록 인도해 갈 수 있을 것이다. 당신은 회원들이 알아야 할 필요가 있는 반응들을 통하여 단원 전체를 이끌어 갈 수 있을 것이다. 한 주간 동안 공부해야 할 내용들을 다 끝마침으로써 자신들이 제기한 문제들을 통하여 무엇을 배웠는가를 성찰하게 될 것이다.

3. **토론과 질문 형태의 진행방법**: 토론과 질문 형태의 진행방법을 사용할 경우 아래의 질문사항들에 대한 토론을 위하여 시간을 점검하고 말하는 시간을 정해줘라. 다음의 질문들을 사용할 것인지를 고려해 보라. 아래의 질문들은 당신이 한 회기 동안에 다루기에는 너무 많은 질문이기 때문에 어떤 질문을 사용할지 고려해 보라.

열 번째 주간을 위한 토론 질문들

- 무엇이 당신에게 상처를 준 사람을 용서하지 못하게 합니까?
- 당신이 어렸을 때에 상처를 주었던 사람에게 표현할 필요가 있는 용서가 어떤 것인지 설명해 보십시오.
- 어린 시절 상처를 주었던 사람을 용서하기 위한 당신의 계획을 나누어 보십시오.

회원들이 위의 질문들에 대하여 반응할 때에 감정수준을 잘 조절할 수 있도록 해야 한다. "당신에게 어떤 느낌을 줍니까?"라는 질문을 사용하라. 회원들에게 '감정 포스터'에 있는 감정목록 중의 하나를 사용하여 대답하도록 요청하라.

4. **감정의 점검과 다음 그룹을 위한 계획 세우기**: 회원들에게 그룹모임이 거의 끝날 때가 되었다는 사실이 어떤 느낌을 주는지에 대해서 물어보라. 당신은 회원들이 그룹이 해산되는 것에 대해서 슬픔과 근심을 느끼고 있다는 것을 발견하게 될 것이다.

회원들에게 그룹이 끝나는 것에 대한 느낌을 애통해하도록 도와줘라. 그들의 느낌에 대해서 말하게 하라.

다음은 도움이 될 수 있는 몇 가지 제안들이다.다음 그룹을 위하여 어떤 계획을 결정하든지간에 목표를 분명히 하고, 동의를 구하고, 기간을 정해야 한다. 회원들이 다음 그룹을 위한 계획 세우기에 관심을 갖고 있다면 마지막 모임에서 구체적으로 의논하여 결정하여야 한다.

다음 그룹을 위한 계획 세우기

- **복습을 위한 그룹** – 회원들이 12주를 더 모이기에 동의할 경우에 구성할 수 있는 그룹이다. 회원들은 「가족치유 마음치유」(Making Peace with your Past)의 내용을 그룹 회기를 위한 나눔의 틀을 활용하여 다시 복습할 수 있을 것이다. 이 과정은 리더십을 나누기 위한 좋은 기회가 될 것이며, 구체적인 예비 그룹 인도자들을 위한 훈련의 기회를 제공해 주는데 유용할 것이다.

- **새로운 내용/동일한 그룹** – 회원들이 같은 회원이 되어서 12주간을 더 모이기를 원하면서 새로운 내용의 교재를 가지고 후속모임을 하는 방법이다.

- **새로운 '얼굴과 얼굴을 마주 대하는' 그룹** – 새로운 회원들을 모집하여 '얼굴과 얼굴을 마주 대하는' 그룹을 진행해 가는 것이다. 이 그룹은 이미 그룹 경험을 가진 사람과 처음 경험하는 사람 모두를 포함할 수 있다.

- **특별한 문제를 지닌 그룹** – 이혼, 슬픔, 학대, 약물중독, 상호의존, 무질서한 식습관 등과 같은 특별한 개인적인 문제를 안고 있는 사람들을 위한 그룹을 구성할 수 있다. 혹은 약물의존, 동반의존, 혹은 섭식장애와 같은 중독적인 문제를 안고 있는 사람들을 위한 12단계 지원그룹을 구성할 수 있다.

- **제자훈련 그룹** – 「하나님을 경험하는 삶」(Experiencing God), 「기도의 삶」(Disciple's Prayer Life), 「최선의 삶」(Master Life) 등과 같은 교재를 활용한 예수 그리스도의 제자도에 관한 성경공부 그룹을 구성할 수 있다.

- **인도자 훈련 그룹** – 특별히 선발된 몇 사람들을 지도자로 훈련시키기 위한 그룹이다.

5. **마감기도:** 오늘의 단원을 진행하면서 있었던 일에 대하여 하나님께 감사하도록 각 회원들에게 요청하라. 자신들의 고통스러운 기억의 치유를 위하여 기도하도록 회원들을 초대하라.

끝맺음

- □ 이름표를 걷어라.
- □ 출석을 체크하라.
- □ 단원에 대한 당신의 생각과 감정들을 기록한다.
- □ 아래의 질문에 따라 당신이 적용할 기초 기술을 점검하라. 질문에 대한 답을 노트에 기록하라.
    - 오늘 혹은 이전의 단원을 진행하면서 당신이 사랑으로 회원을 대면한 경우를 설명해 보라. 회원들의 반응은 어떠했는가? 그 경험을 통하여 당신은 무엇을 배웠는가?
    - 이 단원을 진행하면서 당신이 성경적인 진리와 심리학적인 진리를 통합하기 위하여 한 것은 무엇인가?
- □ 단원을 잘 진행하였는지 평가하기 위하여 예비 그룹 인도자를 만나서 그의 의견을 들어보라.

제11단원
축복으로 나아감

금주의 학습목표

회원들은 다른 사람의 축복을 받아들이게 될 것이다.

예상되는 일

어떤 회원들은 이 공부가 거의 끝나게 되었다는 것에 대하여 거의 공황상태를 느낄 것이다. 그러한 공황상태의 두려움은 그룹에서 말하고 싶었지만 두려워서 말하지 못했던 특별한 문제를 가지고 있는 사람에게 특히 나타나게 된다. 그들의 양가감정은 그룹이 끝나간다는 것을 알 때에 더욱 강렬해진다. 그러한 느낌을 가지고 있는 회원들이 이 단원을 진행하는 동안 자신들의 문제를 나누도록 격려하라.

또 다른 회원들은 그룹이 헤어질 때가 가까이 왔다는 것에 대해서 슬픔을 느낄 것이다. 그들이 자신들의 감정을 잘 파악하도록 도와줘라. 그들에게 그룹이 진행되는 동안 자신들의 감정을 표현할 수 있는 기회를 주어라.

이 모임과 공부가 끝난 후에 회복과정을 계속할 수 있는 아이디어들을 제공하라. 그러한 아이디어들에는 이 책 39쪽 추천 도서(학습자용 교재 338쪽)를 읽거나, 혹은 다른 지원그룹에 참여하거나, 혹은 정규적인 시간에 모이는 다른 회복과정에 있는 사람들을 찾는 것이 포함될 수 있을 것이다.

적용될 기초 기술

이 주간의 단원을 위하여 다음의 그룹 인도자가 갖추어야 할 기초 기술을 점검해 보라.

□ 1. 상대방에게 그를 용납(수용)하고 있다는 것과 관심을 가지고 있다는 것을 알게 해야 한다(40쪽을 보라).

이번 회기는 그룹 안에서의 강력한 무조건적인 용납(수용)의 의사소통의 기회를 제공한다. 학습자 교재 315쪽 '축복을 나누라' 부분을 통해서 당신은 회원들이 다른 회원들에게 줄 수 있는 특별한 축복(확신)의 방법을 경험하기 위한 지침들을 발견하게 될 것이다.

이 회기가 끝나기 전에 회원들에게 용납(수용)받고 있다는 느낌을 주도록 특별한 관심을 기울여라. 당신이 받아들여질 만한 어떤 것을 한 것이 없음에도 불구하고 그 사람을 용납(수용)한다는 것은 그 사람이 가지고 있는 가치와 선택에 동의한다는 것을 의미한다. 이것은 당신이 반드시 부응해야 하는 어떤 조건을 기대하는 것 없이 이 사람을 사랑하려고 해야 한다는 것을 의미하는 것도 아니다. 말 그대로, 그의 있는 그대로를 용납하는 것이다. 회원들이 살아오면서 경험한 수치심의 파괴적인 힘을 알고 있어야 한다. 수치심을 깨뜨리는 것은 회원들이 이 모임과 공부를 하는 동안 성취하고자 하는 중요한 승리이다. 그룹을 통해서 회원들의 수치심을 깨뜨리기 위한 기회와 축복하기 위한 기회를 놓치지 않도록 주의하라.

□ 2. 회원들이 각각 다른 회원들을 돕도록 가르쳐야 한다(51쪽을 보라).

이미 언급한 것처럼 '축복을 나누라' 부분에 있는 내용들을 연습하는 것은 회원들이 서로를 축복하는 것을 허용하는 것이다.

이 연습을 통해서 회원들이 서로 돕는 것을 격려하게 될 것이다. 이 회기를 처음 시작할 때 회원들에게 회기가 끝나는 부분에서 서로 축복을 나누게 될 것이라고 말하라.

이 회기가 진행되는 동안 자연스럽게 서로 축복하도록 허용하라. 당신이 말한 것에 대해서 회원들이 서로 나눌 수 있도록 충분한 여분의 시간을 주어라. 가능한 경우, 회원들이 당신의 간섭 없이 서로 축복을 나누도록 하라.

단원을 시작하기 전에

□ 제1단원을 진행하는 동안 각 회원들의 반응을 적어둔 노트를 다시 점검해 보라. 그리고 각 회원들을 위하여 기도하라.

□ 모임 장소의 환경을 점검하라(76쪽에 같은 내용을 보라).

□ '감정 포스터'를 게시하라.
□ 토론과 질문 형태의 진행방법을 사용할 경우 칠판이나 포스터 보드에 토론할 질문들을 미리 적어놓으라.
□ 학습자 자기평가 점검표를 다시 점검해 보라.

단원의 진행

1. **도착**: 회원들이 도착하면 환영하고, 이름표를 나눠주고, 정시에 시작하라.

2. **점검**: 회원들이 자기점검을 하게 함으로써 시작한다. 자기점검이 무엇인지 설명해 주어라. 자기점검은 "오늘 자신을 억압하고 있는 문제를 나누고 싶은 분이 있습니까?" 혹은 "지난 단원을 공부한 결과 지난 주간 동안 여러분의 삶 속에 어떤 일이 일어났습니까?"라는 질문으로 시작한다. 다음의 질문들을 사용할 것인지를 고려해 보라.

열한 번째 주간을 위한 자기점검

- 당신이 성장할 때, 어떤 사람들이 당신에게 축복을 받았다는 느낌을 주었습니까?
- 그 사람들은 어떻게 축복을 전달하였습니까?

나눔만을 통한 진행방법에서는 첫 번째 제기된 문제는 다른 회원들이 또 다른 문제를 말하도록 이끌어준다. 한 사람이 자신의 문제를 나누면 다른 회원들의 삶 속에 있는 어떤 문제들이 제기되게 될 것이다. 그들이 자신들의 문제를 말할 때에 당신은 그룹이 그들에게 반응하도록 인도할 수 있다. 당신은 회원들이 알아야 할 필요가 있는 반응들을 통하여 단원 전체를 이끌어갈 수 있을 것이다. 한 주간 동안 공부해야 할 내용들을 다 끝마침으로써 자신들이 제기한 문제들을 통하여 무엇을 배웠는가를 성찰하게 될 것이다.

3. **토론과 질문 형태의 진행방법**: 토론과 질문 형태의 진행방법을 사용할 경우 아래의 질문사

항들에 대한 토론을 위하여 시간을 점검하고 말하는 시간을 정해줘라. 아래의 질문들은 당신이 한 회기 동안에 다루기에는 너무 많은 질문이기 때문에 어떤 질문을 사용할지 고려해 보라.

열한 번째 주간을 위한 토론 질문들

- 어떤 사람들이 당신의 삶 속에서 축복을 받지 못했다고 느끼도록 원인을 제공하였습니까?
- 이러한 사람들은 어떻게 당신을 축복하지 않았습니까?
- 당신은 제한적이거나 조건적인 축복을 받았습니까? 그 제한 혹은 조건은 무엇이었습니까?
- 당신의 가족 중에서 당신이 받지 못한 축복을 받은 형제나 자매가 있습니까? 그 상황을 설명해 보십시오.
- 당신은 아직도 당신이 자라난 가정에서 축복을 찾고 있습니까? 어떻게?
- 당신의 삶에 대한 축복을 위하여 무엇을 하려고 합니까?
- 축복을 받지 못한 것에 대해서 스스로 애통해하도록 허락하였습니까?

회원들이 위의 질문들에 대하여 반응할 때에 감정수준을 잘 조절할 수 있도록 해야 한다. "그것은 당신에게 어떤 느낌을 줍니까?"라는 질문을 사용하라. 회원들에게 '감정 포스터'에 있는 감정목록 중의 하나를 사용하여 대답하도록 요청하라.

4. **축복을 나눔**: 단원이 끝나기 전 30분쯤 될 때에 회원들이 서로 축복해 주는 것을 경험할 수 있도록 인도하라.

- 회원 중 반은 둥글게 앉도록 하라.
- 나머지 반은 앉은 사람들의 뒤에 가서 서도록 하라.
- 서 있는 사람들이 앉아 있는 사람들에게 기대면서 축복의 말을 속삭이도록 하라. 축복은 확신의 말(금주의 확신)과 같아도 된다. "예수 그리스도 안에서 당신의 모습 그대로

가 좋습니다." 혹은 "그룹을 진행하는 동안 당신의 정직함에 감사드려요"라는 말과 같은 개인적인 표현이어도 된다.

- 앉아 있는 사람들이 모두 축복을 받고 나면 서 있는 사람들과 자리를 바꾸는데, 앉은 사람과 선 사람은 서로 새로운 사람이어야 한다.
- 앞에서와 똑같이 서 있는 사람이 앉아 있는 사람에게 기대면서 축복의 말을 속삭인다.
- 이 과정은 한사람도 빠짐없이 서로 축복을 나눌 수 있도록 되풀이해서 진행한다.

다음 단원을 시작하기 전에 제12단원에 있는 5일간 매일학습과정을 미리 공부해 오도록 상기시켜라.

5. **마감기도:** 오늘의 단원을 진행하면서 있었던 일에 대하여 하나님께 감사하도록 각 회원들에게 요청하라. 자신들의 고통스러운 기억의 치유를 위하여 기도하도록 회원들을 초대하라.

끝맺음

□ 이름표를 걷어라.
□ 출석을 체크하라.
□ 단원에 대한 당신의 생각과 감정들을 기록한다.
□ 아래의 질문에 따라 당신이 적용할 기초 기술을 점검하라. 질문에 대한 답을 노트에 기록하라.
- 이 단원을 진행하면서 용납(수용)과 관심을 전달하기 위하여 무엇을 하였는가?
- 회원들이 서로 돕도록 가르치기 위하여 무엇을 하였는가?

□ 단원을 잘 진행하였는지 평가하기 위하여 예비 그룹 인도자를 만나서 그의 의견을 들어보라.

제12단원
복습과 나아갈 길

금주의 학습목표

회원들이 그룹과정에 대해 감사하고 자신들의 회복과정을 계속 진행해 가는 것에 헌신하기로 약속하게 될 것이다.

예상되는 일

회원들은 자신들이 밟아온 과정을 되돌아 볼 때에 즐거움과 "나는 도움을 발견했어; 나는 좋아지고 있어."라는 느낌을 갖게 될 것이다. 또한 회원들은 이제 그룹을 마쳐야 한다는 생각을 할 때에 슬픔을 느끼고, 심지어는 두려움이 예상될 것이다. 그 슬픔은 긍정적인 정서적 친밀감의 경험이 끝난다는데서 오는 것이다. 또한 회원들 중 어떤 사람은 지원그룹에 참여하기 전에 가지고 있었던 건강치 못한 역기능적 감정패턴이나 행동패턴으로 되돌아갈 수도 있을 것이다.

회원들은 자신들이 경험한 과정에 대해서 말할 때에 확신을 받아들일 것을 기대하라. 하나님께서 치유가 일어나도록 예비하신 약속을 믿으라.

단원을 시작하기 전에

- ▫ 제1단원을 진행하는 동안 각 회원들의 반응을 적어둔 노트를 다시 점검해 보라. 그리고 각 회원들을 위하여 기도하라.
- ▫ 모임 장소의 환경을 점검하라(76쪽에 같은 내용을 보라)
- ▫ '감정 포스터'를 게시하라.
- ▫ 토론과 질문 형태의 진행방법을 사용할 경우 칠판이나 포스터 보드에 토론할 질문들을 미리 적어놓으라.
- ▫ 학습자 자기평가 점검표를 다시 점검해 보라.

단원의 진행

1. **도착**: 회원들이 도착하면 환영하고, 이름표를 나눠주고, 정시에 시작하라.

2. **복습**: 학습자용 교재에 있는 제12단원의 5일째에 있는 질문들에 대한 회원들의 대답에 대해서 토론하라. 각 회원들에게 다음의 질문에 답하도록 요청하라.

열두 번째 주간을 위한 토론 질문들

- 지난 11주 동안 당신이 성취한 목표들은 무엇입니까?
- 성취하지 못한 목표들은 어떤 것입니까?
- 이 과정을 진행하는 동안 당신의 생각이 어떻게 변화되었습니까?

한 사람 한 사람이 위의 세 가지 질문에 대한 답을 나눈 후에 다음 사람에게 넘어가라. 각 회원들이 질문에 대한 답을 나누는 동안 제1단원을 진행하면서 적었던 노트를 살펴보라. 그 때에 나누었던 각 회원들의 목표를 기억할 수 있도록 도와주어라. 당신이 본 긍정적인 변화에 대해서 말해줌으로써 각 회원들의 변화를 확인해 줄 준비를 하라. 어떤 회원들은 자신들이 세운 목표를 성취했다는 사실을 알지 못할 것이다. 그들의 치유과정을 이해하고 깨달을 수 있도록 도우라.

3. **회복을 위한 계획들**: 회원들에게 회복을 위한 계획에 대해서 간단히 요약하여 말하도록 요청하라. 요약된 회복 계획에 대한 질문들은 학습자용 교재 337쪽 제12단원 5일째 과정에 있다. 회원들이 자신의 계획들에 대해서 나눌 때에 격려하고 도움이 되는 제안들을 하도록 하라.

4. **다음에는 무엇을 할 것인가?**: 12주 과정의 후속 모임을 제안할 계획을 가지고 있다면 그에 대해서 토론할 시간을 가져라. 후속 모임을 위한 토론은 단원의 마지막에 하는 것이 좋다. 다음 그룹 계획이 이 단원의 주요 주제가 되어서는 안된다. 위에 제시된 2개 이상의 제안

된 토론 주제가 다루어지도록 그룹을 인도하라.

다음 그룹의 단계를 계획할 때에 다음의 자세한 사항들을 토론하라.

- 누가 그룹을 인도할 것인가?
  - 선발된 인도자
  - 회원들이 차례로 돌아가면서 인도한다.
- 언제 그리고 어디서 그룹이 모일 것인가?
- 일주일에 몇 번 모일 것인가?
- 그 그룹을 위하여 동일한 서약서를 사용할 것인가? 그렇지 않다면, 어떤 약속을 할 것인가?
- 교재를 사용할 것인가?
- 다음 12주 후에 언제 새 그룹의 계획을 평가할 것인가?

이 토론을 위한 시간이 모자랄 경우에는 새로운 그룹은 계획을 완성하기 위하여 다음 12주 과정의 첫 단원을 진행할 때에 의논할 수 있을 것이다.

5. **마감기도**: 그룹을 통하여 경험한 것에 대해서와 각각의 삶 속에서 이루신 하나님의 역사에 대하여 하나님께 감사하도록 회원들을 격려하라.

끝맺음

- □ 이름표를 걷어라.
- □ 출석을 점검하라.
- □ 이 단원에 대한 당신의 생각과 감정들을 노트에 기록하라.
- □ 단원의 진행에 대하여 객관적인 평가를 할 수 있도록 예비 그룹 인도자를 만나서 그의 의견을 들어보라.

감정포스터

두려움

분노

외로움

즐거움

기타

죄 책 감

수치심

슬 픔

고통

역기능가정에서 역할

희생양
Scapegoat
Placator
What can I do to fix this situation?
위로자
반항아
Rebel
Surrogate Spouse
Mom, what I would suggest...
대리배우자
HERO
영웅
lost child
잃어버린 아이
(조용한 아이)
CLOWN
광대
어린 부모
Little Parent
어린 왕자
어린 공주
LITTLE PRINCESS

■확신의 말(금주의 확신)

'얼굴과 얼굴을 마주 대하는' 지원그룹 확신의 말(금주의 확신) 카드

확인의 말(금주의 확신)

- 나는 하나님께서 나를 사랑하신다는 것을 믿는다.
- 하나님께서 나를 다스리신다.
- 나는 예수 그리스도를 통하여 하나님 앞에서 정결하게 되었다.
- 나는 예수님께 나의 두려움을 맡겼다.
- 나는 하나님의 자녀가 되는 기쁨을 누릴 권리가 있다.
- 하나님께서 나를 사랑하시기 때문에 나는 완전하지 않아도 괜찮다.

- 나는 하나님께서 나의 고통스러운 과거의 기억을 치유하심을 믿는다.
- 나는 무슨 일이 일어나든지 나는 하나님께서 나의 선을 위하여 역사하심을 믿는다.
- 그리스도 안에서 나 자신을 용납한다.
- 하나님께서 나를 용서하셨기에, 나도 다른 사람들을 용서할 수 있다.
- 나는 축복을 받았다.

인도자 자기평가 점검표

그룹을 시작하기 전에 단원에 대한 인도자의 준비를 점검하기 위하여 아래의 질문들을 살펴보라. 네모안에 √표 하라.

- □ 나는 그룹을 진행하면서 회원들의 욕구를 잘 반영하려고 하였는가?
- □ 나는 모든 문제를 해결해야만 한다고 느끼고 있는가?
- □ 나는 분노나 갈등을 두려워하고 있는가?
- □ 나는 쉬운 답을 주어야할 필요가 있다고 느끼고 있는가?
- □ 나는 그룹이 진행되는 동안 침묵하는 시간을 용납하고 기다려줄 수 있는가?
- □ 나는 회원이 울 때에 (혹은 격한 감정을 표현할 때에) 그렇게 하도록 허용할 생각이 있는가?
- □ 나는 필요한 경우 회원들을 사랑으로 직면할 준비가 되어 있는가?
- □ 나는 회원들을 있는 그대로 받아들일 수 있는가?
- □ 나는 어떤 사람이 화를 낼 때 그러한 불경스러운 행동에 대해서 비판하거나 정죄하지 않을 수 있는가?
- □ 나는 회원들이 하기를 원하는 것을 기꺼이 할 수 있는가?
- □ 나는 나 자신의 감정에 충실하려고 하는가?
- □ 나는 나 자신의 정서적인 고통을 나누려고 하는가?
- □ 나는 회원들에게 정직하려고 하는가?
- □ 나는 정서적으로 현재 느끼는 것들을 회원들과 함께 나눌 준비가 되어 있는가?

학습자 자기평가 점검표

오늘 나누고 싶은 문제를 가지고 있는 사람이 있습니까?(혹은, 지난 시간에 함께 배운 내용과 관련하여 한 주간 동안 어떤 일들이 있었습니까?)

1. 지난번에 배운 내용과 관련하여 어떤 감정적인 문제들이 있었는가?
2. 현재 어떤 느낌을 가지고 있는가? 분노? 두려움? 죄책감? 즐거움? 외로움? 슬픔? 수치심?
3. 지원그룹에 대하여 어떻게 느끼는가?
4. 즉시 다루어야 할 정서적 혹은 영적으로 고통스러운 문제를 가지고 있는가?
5. 금주에 공부할 내용에 대한 나의 처음 반응은 무엇인가?

■ **이름표 샘플**

 얼굴과 얼굴을 마주 대하는 지원그룹	 얼굴과 얼굴을 마주 대하는 지원그룹
 얼굴과 얼굴을 마주 대하는 지원그룹	 얼굴과 얼굴을 마주 대하는 지원그룹

■ 그룹진행일지

<table>
<tr><td>그 룹 이 름</td><td></td><td>인도자 이름</td><td></td></tr>
<tr><td>모 임 날 짜</td><td></td><td>진 행 단 원</td><td>제 ___단원(___째주 모임)</td></tr>
<tr><td>참 석 자 이 름
(인도자포함)</td><td colspan="3">(총 _____명)</td></tr>
<tr><td>결석한 회원 이름</td><td></td><td colspan="2" rowspan="6">회원이 앉은 위치도(Sociogram)</td></tr>
<tr><td>지각한 회원 이름</td><td></td></tr>
<tr><td>지 각 한 이 유</td><td></td></tr>
<tr><td>조퇴한 회원 이름</td><td></td></tr>
<tr><td>조 퇴 한 이 유</td><td></td></tr>
<tr><td colspan="4">금주의 단원에서 다루어진 내용 요약</td></tr>
<tr><td colspan="4">인도자 자기점검 내용(인도자 자기평가 점검표 참고)</td></tr>
<tr><td colspan="4">다음 단원을 위한 준비사항 점검</td></tr>
</table>

그러므로 이제 그리스도 예수 안에 있는 자에게는 결코 정죄함이 없나니 이는 그리스도 예수 안에 있는 생명의 성령의 법이 죄와 사망의 법에서 너를 해방하였음이라 율법이 육신으로 말미암아 연약하여 할 수 없는 그것을 하나님은 하시나니 곧 죄로 말미암아 자기 아들을 죄 있는 육신의 모양으로 보내어 육신에 죄를 정하사 육신을 따르지 않고 그 영을 따라 행하는 우리에게 율법의 요구가 이루어지게 하려 하심이니라(로마서 8:1-4)